Unterricht vorbereiten und planen können

Ein Lehrbuch zur Unterrichtsvorbereitung und Stundenplanung
Mit interaktiver Lern-DVD

Jörg Petersen / Sabine Reisas / Gerhard Tanski / Christine Ziethen /
Wibke v. Grone-Lübke

Unterricht vorbereiten und planen können

Ein Lehrbuch zur Unterrichtsvorbereitung und Stundenplanung
Mit interaktiver Lern-DVD

Didaktische Welten

Herausgegeben von
Gerd-Bodo von Carlsburg und Jörg Petersen

BRIGG VERLAG
F.-J. Büchler KG

Gedruckt auf umweltbewusst gefertigtem, chlorfrei gebleichtem
und alterungsbeständigem Papier.

3. Überarbeitung 2013
4. Auflage 2015
Nach den seit 2006 amtlich gültigen Regelungen der Rechtschreibung

Satz & Layout: R. Büchler, Augsburg

ISBN 978-3-95660-**005**-0 www.brigg-verlag.de

Inhaltsverzeichnis

Vorwort und Einleitung zur zweiten und dritten Auflage

Wer unterrichten will, braucht nicht nur eine Theorie von Unterricht, die sein Handeln leiten und von Fall zu Fall begründen kann, sondern auch ein Repertoire von Handlungskompetenzen, das hinreichend eigentlich nur im Kontext praktischer Unterrichtstätigkeit erworben werden kann. Zeitlich vorweg oder auch begleitend ist für alle praktische Unterrichtsarbeit jedoch die theoretische Orientierung, damit der praktische Versuch nicht in unreflektierter Improvisation geschieht. Pädagogischer Takt bildet sich da heraus, wo Praxis auf Theorie bezogen werden kann und Theorie wiederum praktische Umsetzbarkeit verspricht.

In theoretischer Absicht sind wir gewohnt zu analysieren, zu differenzieren, zu ordnen und zu verbinden. Die Teile werden verfügbar aus der Sicht des Ganzen, das Ganze wiederum aus der Sicht der einzelnen Teile. Ziel und Erfolg des Unternehmens liegen unmittelbar im Erkenntnisgewinn und erst mittelbar in der praktischen Umsetzung. Unterrichtliches Handeln jedoch ist unmittelbar existentiell und folgt erst mittelbar theoretischem Erkenntnisgewinn, was unter anderem zur Folge hat, dass der praktischen Verfügbarkeit über abgrenzbare Handlungsmuster engere Grenzen gesetzt sind als der theoretischen.

Man muss diesen Tatbestand genau im Auge behalten, wenn es in den folgenden Ausführungen darum geht, einzelne Handlungsmuster, so wie sie sich theoretisch und unter didaktischen Gesichtspunkten begründen lassen, zu beschreiben und Hilfestellung für das Training dieser Handlungen zu geben.

Unser Lehrbuch versteht sich als Beitrag zur Entwicklung einer entsprechenden *Ausbildungshilfe für Lehrende* aller Schularten und Jahrgangsstufen. Insbesondere solche beruflichen Verhaltensweisen werden berücksichtigt, die – als Bestandteile eines Repertoires grundlegender praktischer Lehraktivitäten – in jeglichem Unterricht erforderlich sind, einerlei welche Schülergruppe, welches Unterrichtsfach und welche Lernsituation in Betracht kommen. In diesem Sinne wird im Folgenden der Terminus Lehrkompetenz verwendet, der sich auf vier Annahmen stützt:

1. Aus der Sicht der Theorie lässt sich Unterricht als ein von Regeln geleiteter Handlungszusammenhang begreifen. Regeln unterrichtlichen Handelns lassen sich theoretisch als *Lehrkompetenzen* formulieren, empirisch ermitteln und in praktisches Handeln umsetzen.

2. Die Erfüllung von Erwartungen an einen erfolgreichen Lehrer setzt ein Professionalisierungskonzept voraus, das eine gezielte Ausbildung entsprechender Lehrkompetenzen enthält.

3. Ein Teil dieser Lehrkompetenzen ist von allgemeiner pädagogischer Bedeutung, ein anderer Teil hat spezifische Unterrichtsrelevanz, ohne jedoch schon funktional für das Unterrichtsfach, die Unterrichtsintention oder -institution zu sein.

4. Das Repertoire unterrichtsrelevanter Lehrkompetenzen ist in geeigneten Ausbildungsarrangements trainierbar.

> Mit dem Begriff ***Lehrkompetenz*** sind explizit solche unterrichtlichen Fähigkeiten und Fertigkeiten von Lehrern gemeint, die als bestimmte Muster von Verhaltensweisen und Aktivitäten erworben werden können.

Mit dem Begriff *Kompetenz* geht auch die Vorstellung einer zuverlässigen, in jeder entsprechenden Situation verfügbaren Handlungsfähigkeit einher. Gerade die pädagogisch sachgerechte, unverzüglich und direkt auszuübende Handlungsweise entspricht dieser Vorstellung. Auf die spontane Aktivität, die aber eben nicht „blind“, sondern regelgeleitet-bewusst und pädagogisch-kalkuliert geschieht, kommt es im wirklichen Unterrichtsgeschehen an. Dementsprechend werden unterrichtliche Lehrkompetenzen als professionelle Routinen verstanden, die Bestandteile eines Repertoires operativer Kompetenzen für unterrichtliches Handeln sind. Dazu gehören u.a. (vgl. Petersen & Ritscher 1996, S.43):

- Zuhören können,
- Informieren können,
- Motivieren können,
- Fragen können,
- Differenzieren und Integrieren können,
- Moderieren können,
- Erklären können und nicht zuletzt
- Unterricht vorbereiten und Stunden planen können.

Stellen derartige Lehrkompetenzen eine Teilmenge der Lehrmethoden dar? Immerhin sind sie Muster von Lehraktivitäten, die Lernen bewirken sollen, und entsprechen insofern der Definition von GAGE & BERLINER (1977) für Lehrmethoden, als sie grundsätzlich von jedem Lehrer oder Lehramtsstudierenden erlernt werden können. Sie gehören nicht zu den eher als Persönlichkeitsqualitäten ansprechbaren Merkmalen wie „Lehrer-Enthusiasmus“ oder „emotionale Wärme“, die streng genommen nicht dem Bereich der Lehrmethoden subsumiert werden dürften. Lehrmethoden können nur sinnvoll beschrieben und systematisiert werden, wenn die Lehrervariable außer Acht gelassen wird. Ihre empirische Untersuchung und lehrhafte Darstellbarkeit wird in dem Augenblick enorm kompliziert, wenn die Persönlichkeitseigenschaften der Lehrer zu berücksichtigen sind. Es empfiehlt sich daher, Lehrmethoden als lehrerunabhängige Muster von Prozeduren zu verstehen, mit denen reale pädagogische Erscheinungen geplant, gefördert, geordnet und erklärt werden können.

Unterrichtliche Lehrkompetenzen sind Kompetenzen, die erforderlich sind, um Lehrmethoden zu verwirklichen und anzuwenden. Sie zielen also über die empirische Beschreibung von Lehrmethoden hinaus auf ihre Anwendung.

Über den Ausprägungsgrad der Einzelkompetenz sind empirische Aussagen möglich, vorausgesetzt, die betreffende Kompetenz ist definiert. So kann man in geeigneten Ausbildungsszenarien Lehrkompetenzen bei Probanden aufbauen und ihren Ausprägungsgrad bzw. -rahmen analysieren.

Es ist erwünscht und wird erforderlich sein, die pädagogische Funktion von Lehrkompetenzen in ihren bestimmten Ausprägungsgraden zu untersuchen, also z.B. festzustellen, inwieweit sie für gewisse Schüleraktivitäten bzw. Lernresultate funktional sind. Allerdings dürfte hierbei die generelle Problematik der empirischen Unterrichts- und Bildungsforschung durchschlagen, dass Wenn-dann-Aussagen bzw. die Ermittlung von Ursache-Wirkung-Verknüpfungen von Lehrkompetenzen und Lernverhalten wegen der forschungsmethodisch schwierigen Reduktion der Unterrichtskomplexität nicht ohne weiteres zu erwarten sind. Die Bedeutung der Unterrichts- und Bildungsforschung für die unterrichtlichen Lehrkompetenzen liegt in ihrer Funktion als Lieferant psychologisch-didaktischem Methodenwissens und Kontrolleur didaktischer Hypothesen, die bei der Realisierung von Lehrkompetenzen in pädagogischen bzw. unterrichtlichen Situationen notwendig erscheinen. Die Lehrkompetenz „Eingehen auf den Schüler und die Gruppe“ beispielsweise zielt auf Tätigkeiten differenzierter Einschätzung und Förderung des Einzelnen. Dazu ist die Kenntnis von Forschungsfragen und -ergebnissen bedeutungsvoll, wie sie etwa im Umkreis des Begriffs *adaptiver Unterricht* diskutiert wurden und werden.

Die Lehrkompetenz „Unterricht vorbereiten und Stunden planen können" basiert auf fundierten didaktischen Kenntnissen.

Die Didaktik als zentrale wissenschaftliche Disziplin ist nicht nur grundlegend für die Professionalität und Berufsidentität der Lehrerinnen und Lehrer, sie begründet nicht nur das Verständnis der dem Lehrerhandeln inhärenten Vermittlungsaufgabe, sondern auch die Aufgaben und Funktionen von Schule und Unterricht. Als Allgemeine Didaktik thematisiert sie die Fragen nach den Vermittlungs- oder Bildungsinhalten und gibt in unterschiedlichen Modellen Hilfestellungen für die Planung, Durchführung, Analyse und Verbesserung von Unterricht. Als Fachdidaktik realisiert sie diese Aufgaben unter der jeweiligen Spezifik der Unterrichtsfächer. Wer sich in der Lehrerbildung – im Studium oder im Vorbereitungsdienst – als Unterrichtender und Erziehender professionalisiert, kann natürlich anfangs nicht das komplexe wissenschaftliche Gefüge der Allgemeinen Didaktik, der Konzeptionen, Strategien und Implikationen der Unterrichtsplanung in toto beherrschen und für die eigenen ersten Unterrichtsversuche fruchtbar machen. Die Thematik ist dafür zu umfangreich und wird sich erst sukzessive im Verlauf der individuellen Entwicklung in Theorie und Praxis erschließen.

Unterrichtsvorbereitung und Stundenplanung sind – neben zahlreichen anderen Funktionen – die zentralen Arbeitsfelder aller Lehrerinnen und Lehrer.

Der vorliegende Medienverbund aus Computerlernprogramm und Lehrbuch soll in diesem Sinne einen ersten Einblick in die Konventionen von Unterrichtsvorbereitung und Stundenplanung als Resultat der Auseinandersetzung mit didaktischen Modellen ermöglichen und Lehramtsstudierende dazu anregen, erste eigene didaktisch reflektierte Unterrichtsversuche durchzuführen sowie in der Praxis tätigen Lehrerinnen und Lehrern und in der Lehrerbildung tätigen Personen dabei helfen, die theoretischen und unterrichtspraktischen Implikationen gelingenden Unterrichts und effektiven Ausbildens didaktisch fundiert zu reflektieren und anzuwenden.

Der Aufbau des Lehrbuchs *„Unterricht vorbereiten und planen können"* folgt den elementaren Regeln, die für ein Lehrbuch gelten, seit es Kompendien gibt: Sie beginnen möglichst verständlich und wo nicht voraussetzungslos argumentiert wird, werden die Voraussetzungen geprüft und Konsequenzen gezogen. Der Schwierigkeitsgrad steigt allmählich an und dort, wo es möglich ist, werden Plätze zur Vergewisserung angeboten. Über die Möglichkeiten herkömmlicher Lehrbücher hinaus bietet der Verbund von

Text und computergestütztem Lernprogramm noch viel mehr: Individualisierung des Lernweges, Selbstregulierung des Lernprozesses, Veranschaulichung komplexer Handlungszusammenhänge durch Videos und Animationen, ohne den Zusammenhang von Anschauung und Begriff im erkenntnistheoretischen Sinne zu vernachlässigen.

Als Ausbildungs- und Trainingsarrangements für die hier zur Diskussion stehende Lehrkompetenz stehen aus Sicht der Verfasser mehrere Möglichkeiten zur Verfügung:

- Die Vorlesung (der Medienverbund als Begleitwerk zu Begrifflichkeiten, Theorien, Systematiken und Konventionen);
- Das Seminar (der Medienverbund als Anleitung, Nachschlage- und multimediales Begleitwerk für Gruppen- und Partnerarbeiten zur Unterrichtsvorbereitung und Stundenplanung);
- Die Einzelarbeit (der Medienverbund als Nachschlagewerk und multimediales Trainingsarrangement für Prüfungsvorbereitungen von Lehramtsstudierenden und für Effektivierungsbestrebungen von in der Praxis tätigen Lehrern).

Um diese Möglichkeiten zu realisieren, haben die Autoren in der zweiten und auch in der vorliegenden dritten Auflage einige Änderungen vorgenommen.

- Um sowohl einen didaktisch geleiteten Weg durch die Wissensdomäne anbieten zu können und zugleich ein selbstreguliertes Lernen und individuelle Lernwege zu ermöglichen (insbesondere bzgl. der Nachschlage- bzw. Trainingsfunktion), wurden die Zugriffsmöglichkeiten auf den Programminhalt erweitert und dem Lehrbuch ein Glossar wichtiger Begriffe zugefügt.

Über das Menü erreichen Sie in geführter Form die vier Hauptabschnitte des Programms.

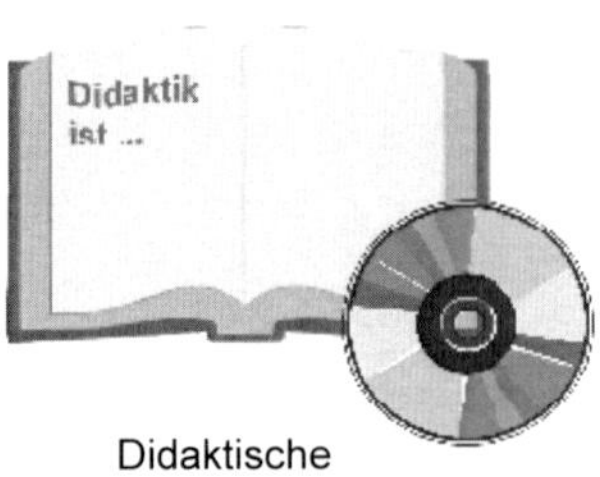

Didaktische
Grundlagen

Unterrichtsvorbereitung
und Stundenplanung

Test des Vorwissens

Lernerfolgstest

Abbildung 1: Hauptmenü des Lernprogramms.

Die gleiche Gliederung ist auch die strukturelle Grundlage des Lehrbuches. Im ersten Kapitel des Lehrbuches und unter dem Menüpunkt „Didaktische Grundlagen“ des Lernprogramms werden unter der Fragestellung *Was muss ich wissen?* die großen Didaktiken vorgestellt, da sie das Fundament für die bis heute geltenden Konventionen der Unterrichtsvorbereitung und Stundenplanung bilden. Im Lernprogramm lässt sich unter dem Menüpunkt „Test des Vorwissens“ prüfen, ob das je individuelle didaktische Vorwissen hinreichend ist, um den Ausführungen zur Thematik „Unterrichtsvorbereitung und Stundenplanung“ folgen zu können. Unter dem Menüpunkt „Unterrichtsvorbereitung und Stundenplanung“ werden auf der Basis der genannten didaktischen Modelle zentrale Bausteine der Unterrichtsplanung (Ziele, Inhalte, Medien, Methoden etc.) zunächst dargestellt und in die vorher vorgestellten didaktischen Modelle zurückgebunden. Im Sinne der Leitfrage *Was gibt es zu bedenken?* geschieht dies in der Intention, die vielfache Verknüpfung des in der Praxis Angewendeten mit durchaus verschiedenartigen Modellen in Erinnerung zu rufen. Hier findet sich auch unter der Fragestellung *Wie gehe ich systematisch vor?* ein Arbeitsprogramm zur Unterrichtsvorbereitung und Stundenplanung, wie es etwa als problemorientierter Unterricht in der schulischen Praxis Anwendung findet.

- Im Sinne der Selbstregulierung des Lernens, der Wahl individueller Lernwege und der Nachschlag- bzw. Nachschaufunktion lässt sich über die grafische Abbildung der Lernprogrammstruktur (Sitemap) frei im Programm navigieren.

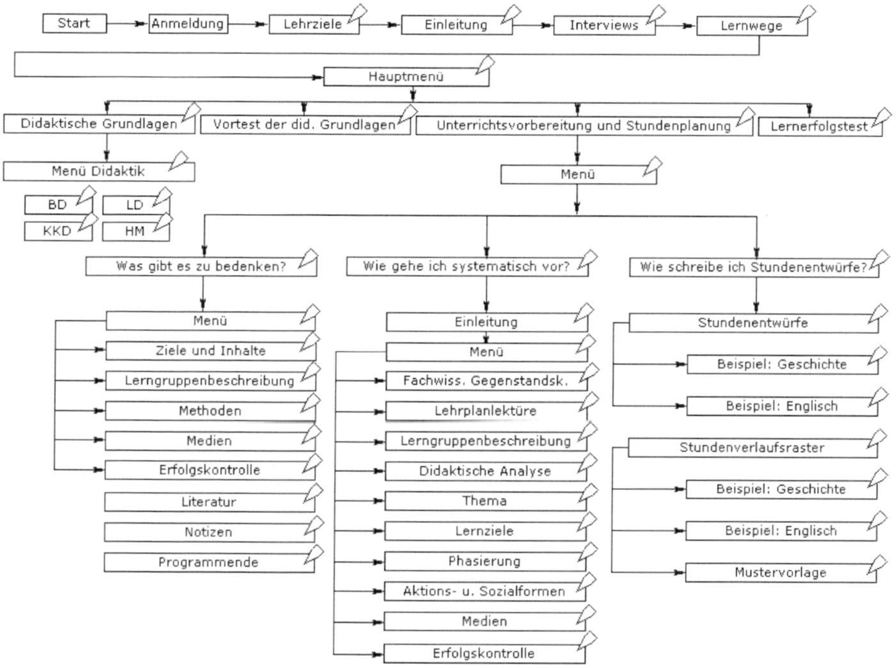

Abbildung 2: Strukturmenü des Lernprogramms (Sitemap).

- Bereits bearbeitete Lernschritte werden als dunkelgrüne Rechtecke, noch nicht bearbeitete Lernschritte als weiße angezeigt. Die augenblickliche Position in der Wissensdomäne wird durch ein rotes Pinnsymbol markiert.
- Wird der Mauszeiger über die Rechtecke bewegt, erhält man Informationen über den Inhalt des Lernschritts und die voraussichtlich benötigte Lernzeit.

Schließlich haben die Autoren – nicht ohne intensive interne Diskussion – zunächst nur in das Lehrbuch einen Abschnitt über konstruktivistische Vorstellungen zur Unterrichtsvorbereitung und Stundenplanung aufgenommen. Im Sinne des im Medienverbund verwendeten Modellbegriffs scheint es sich bei der augenblicklichen Lage der wissenschaftlich-didaktischen Diskussion allerdings noch nicht um ein durchgängig etabliertes Modell zu handeln. Inwieweit die aus konstruktivistischer Sicht formulierten Hinweise zur Vorbereitung von Unterricht und zur Planung von Unterrichtsstunden umsetzbar sind, bleibt der Urteilskraft des Lesers überlassen.

Die Realisierung des Vorhabens, im Rahmen der Reihe Didaktische Welten eine sowohl theoretisch wie praktisch fundierte Vorbereitungshilfe zum Erwerb spezifischer Lehrkompetenzen anzubieten, erfordert Kompetenzen, die in aller Regel über das Kompetenzspektrum eines Einzelnen hinausgehen. Das ist auch der Grund dafür, dass sich eine Kieler Arbeitsgruppe aus in der Praxis tätigen Lehrkräften, in der Lehrerbildung tätigen Personen, Informatikern und Medienpädagogen zusammengefunden hat, um dieses Vorhaben zu verwirklichen.

Ohne die vielfältige Zusammenarbeit zwischen Universität und Schule wäre dies jedoch gar nicht möglich gewesen. Deswegen bedanken wir uns hier in erster Linie bei den beteiligten Lehrkräften, die sich für die veranschaulichenden Videoaufnahmen im praktischen Handlungsfeld des Unterrichts zur Verfügung gestellt haben. Dazu gehören Inke Boye, Angelika Hartmann, Cornelia Richter, Frank Goede und Arne Weisner. Dank gilt den Studierenden der Informatik Thorge Petersen und Jan Schaumlöffel, die viele Algorithmen, die nicht recht zusammenspielen wollten, zur Räson gebracht haben. Dank gilt schließlich auch den vielen Studierenden für das Lehramt, die mit konstruktiver Kritik die Evaluationsphase dieses Vorhabens begleitet haben.

Aus Datenschutzgründen wurden selbstverständlich im Sinne aller Beteiligten Orts- und Personennamen in den im Lernprogramm vorliegenden Stundenentwürfen geändert.

Außerdem wird der sprachlichen Überschaubarkeit wegen im Lehrbuch das generische Maskulinum für alle Personen und Funktionen verwendet.

Der Wunsch der Autoren schließlich ist es, dass sich auch durch die Bearbeitung dieses Medienverbunds das einstellen möge, was wohl jeder sich erhofft, der Unterricht vorbereitet und Stunden plant: dass er Erfolg hat.

Das Autorenteam

Kiel 2011

Zur Nutzung von Lehrbuch und Programm

Lehrbuch und Computerlernprogramm verweisen aufeinander. Das Computerlernprogramm hält audiovisuelle Informationen und interaktive Übungen für Sie bereit. Der Text des Lehrbuchs dient der Vertiefung und der Herstellung von Zusammenhängen, die im Computerlernprogramm nur schwierig zu realisieren sind.

Im Computerprogramm werden Sie an bestimmten Stellen aufgefordert, einzelne Abschnitte des Lehrbuches zu lesen.

Das wird durch das folgende Icon symbolisiert:

Im Lehrbuch wiederum werden Sie aufgefordert, das Computerlernprogramm zu nutzen. Das wird durch das folgende Icon symbolisiert:

Es ist deshalb auch unbedingt darauf zu achten, dass Sie zu Beginn des Programms ein Kürzel eingeben, das Sie bei der Weiterarbeit immer wieder verwenden sollten. Damit ist sichergestellt, dass Sie das Programm an der Stelle weiterführen können, an der Sie es zur Lektüre des Lehrbuches verlassen haben. Wollen Sie das Programm komplett neu bearbeiten, so geben Sie bitte ein anderes Kürzel ein.

Fangen Sie immer mit der Bearbeitung des Computerlernprogramms an. Wenn Sie das Hauptmenü erreichen, so sollten Sie die Menüpunkte im Uhrzeigersinn abarbeiten. Natürlich können Sie auch Ihren individuellen Weg durch das Lernprogramm nehmen.

Bitte beachten Sie, dass Ihnen im Programm durch einen kleinen roten Punkt auf dem Weiter-Schalter angezeigt wird, wann Sie zum nächsten Lernschritt übergehen können.

Die Installation des Computerlernprogramms und die Hardwarevoraussetzungen werden im Kapitel 5 beschrieben.

Sie finden bibliographische Angaben in der Literaturliste des Lernprogramms sowie im Lehrbuch.

Bitte nutzen Sie nun das Lernprogramm auf der DVD!

1. Didaktische Grundlagen: Was muss ich wissen?

1.1 Bildungstheoretische Didaktik

Im Folgenden wird zunächst die Bildungstheoretische Didaktik vorgestellt. Wir beschränken uns bei der zusammenfassenden Darstellung dieses komplexen und vielschichtigen didaktischen Modells auf die Aspekte, aus denen sich unmittelbar Erkenntnisse für die ersten Versuche der Planung und Durchführung von Unterricht ableiten lassen.

1.1.1 Der Bildungsbegriff des Modells

Die von Wolfgang Klafki (*1927) ab 1958 entwickelte Bildungstheoretische Didaktik fokussiert das Feld der Didaktik auf das Inhaltsproblem von Bildungsprozessen und definiert einen über allem Unterrichtsgeschehen stehenden Bildungsbegriff, aus welchem sie wesentliche Kriterien und Dimensionen für einen bildenden Inhalt ableitet.

Die Auswahl und Analyse eines Stoffes als Unterrichtsgegenstand kann deshalb nicht nur durch die Vorgaben eines Lehrplans bestimmt werden, sondern hängt entscheidend von der didaktischen Zielsetzung des Lehrenden ab. Es ist nach Klafki dessen Aufgabe, zu „ermitteln, worin der allgemeine Bildungsgehalt des jeweils besonderen Bildungsinhalts liegt“ (Klafki 1964, S.14), mit anderen Worten: die bildende Potenz und Intention des Gegenstandes herauszuarbeiten. Die von Klafki entwickelte didaktische Analyse bietet eine Reflexions- und Entscheidungshilfe für die Hand des Lehrers, mit der er die bildungstheoretischen Forderungen in alltägliche Unterrichtspraxis umsetzen kann. Bevor dieses in die Praxis reichende Instrument der didaktischen Analyse vorgestellt wird, soll aber zunächst der für das Verständnis der bildungstheoretischen Didaktik zentrale und zentrierende Bildungsbegriff – zumindest in Ansätzen – erläutert werden.

Klafkis Vorstellungen zum grundlegenden Bildungsbegriff liegt die Metapher der Begegnung zugrunde, nach der Bildung sich in der Begegnung des Menschen mit der kulturellen Wirklichkeit, mit den *Objektivationen des menschlichen Geistes*, d.h. den sinnlich wahrnehmbaren Erzeugnissen menschlicher Tätigkeit, ereignet.

Bei der Analyse des Bildungsvorgangs unterscheidet Klafki zwei Gruppen von Bildungstheorien: die materialen und die formalen Bildungstheorien. Beide Theorieansätze lassen sich – gemäß dem Bild der Begegnung – vor allem dadurch unterscheiden, welcher Seite der Begegnung die größere Bedeutung für den Bildungsvorgang zugesprochen wird. Nach seiner Auffassung orientieren sich die materialen Bildungstheorien vorwiegend an der Objektseite, die formalen überwiegend an der Subjektseite des Bildungsgeschehens. Die materialen Bildungstheorien gehen davon aus, dass sich der Schüler im Bildungsvorgang die sich ihm darbietenden Inhalte aneignet und dass der sukzessive Aufbau bzw. der Besitz eines umfangreichen Wissens ein wesentliches Bildungsergebnis darstellt. In formalen Bildungstheorien herrscht hingegen die Ansicht vor, „dass dem Schüler die Konfrontation mit Inhalten nur zur Ausformung und Übung von Kräften und Funktionen dient und dass als Bildungsergebnis ein möglichst virtuoses Können – im Umgang mit der Wirklichkeit – anzusehen ist." (Peterßen 2000, S.54)

Klafki macht deutlich, dass sowohl materiale als auch formale bildungstheoretische Ansätze einseitige Betrachtungsweisen darstellen. Für ihn ist Bildung ein einheitlicher Prozess, da Bildung stets materiale und formale Bildung zugleich sei. Im Bildungsprozess ist nach Klafkis Worten die „Aufnahme und Aneignung von Inhalten“ stets verbunden mit der „Formung, Entwicklung, Reifung von körperlichen, seelischen und geistigen Kräften“ (Klafki 1963a, S.33). Für diese Bildungsvorstellung entwickelt Klafki den Begriff der *kategorialen Bildung*. Der Bildungsvorgang vollzieht sich nach Klafki in einer „doppelseitigen Erschließung“, die zu dem Ergebnis führt, „daß sich dem Menschen seine Wirklichkeit kategorial erschlossen hat und daß eben damit er selbst ... für diese Wirklichkeit erschlossen worden ist“ (Klafki 1963b, S.298). Die erschlossene Wirklichkeit stellt in diesem Kontext den materialen und der erschlossene Mensch den formalen Aspekt des einheitlichen Bildungsergebnisses dar. In letzter Konsequenz wird durch diese Bestimmung von Bildung nur das Allgemeine, nur das auch noch über sich selbst hinausweisende, als bildend anerkannt.

Die zentrale Aufgabe des planenden Lehrers besteht nun darin zu bestimmen, was im Sinne kategorialer Bildung angemessene, also bildende Stoffe und Inhalte sind.

Außerdem muss in der Unterrichtsvorbereitung eine didaktische Transformation, also eine Aufbereitung der ausgewählten Inhalte im Hinblick auf die vorliegende Lerngruppe, vorgenommen werden, damit es – so Klafki – zu einer „fruchtbaren Begegnung bestimmter Kinder mit bestimmten Bildungsinhalten“ (Klafki 1964, S.6) kommen kann.

Unter der Bezeichnung *Begegnung* verbirgt sich dabei die Aufgabe, in einer oder mehr als nur einer Unterrichtsdimension von einer geringen Qualitätsstufe zu einer höheren Qualitätsstufe zu kommen. Das geschieht nach Klafki so, dass Lernende und Bildungsinhalt sich begegnen. Es wird dabei im Hinblick auf die Unterrichtsvorbereitung durch die Lehrkraft nicht alles als gleichermaßen bedenkenswert angesehen, sondern als Hauptmoment, das für den Erfolg des Unterrichts wichtig ist, vor allem die Sache, der Stoff, das Thema oder – wie es hier heißt – der *Bildungsinhalt*.

Vor diesem Hintergrund ist auch folgende Frage KLAFKIS zu sehen:

> „Im Blick auf die(se) Normalsituation der Schulpraktiker fragen wir: Welcher Art sind die ‚Sachen', die dem Lehrer als Gegenstände der Vorbereitung begegnen?" (Klafki 1964, S.7)

Implizit bedeutet das auch, dass die Sachen, die Inhalte oder auch die Gegenstände den Methoden ihrer Vermittlung vorangehen. Wir sprechen hierbei auch vom Primat der Didaktik vor der Methodik und nutzen damit einen *engen Didaktikbegriff*. KLAFKIS Antwort zur obigen Frage lautet dann auch folgerichtig, dass 1. der Rahmen der Gegenstände für den Schulpraktiker im Wesentlichen bereits durch die vorhandenen Lehrpläne abgesteckt sei. Dabei sind, wie er annimmt, die in den Richtlinien erwähnten Gegenstände und Sachen schon als bildungsträchtig gedacht und vorausgesetzt. Daraus folgt 2., dass der *erste* Schritt der Unterrichtsvorbereitung das Eindringen in diese Bildungsinhalte ist. Und das verlangt 3. eine besondere Art des Fragens vom Lehrer. Er muss stellvertretend denken können für die Person, die der Schüler durch die Begegnung mit dem Bildungsinhalt einmal werden soll, und stellvertretend denken können für die Person, die der Schüler im Moment ist. Oder anders formuliert: Der Lehrer muss antizipieren können, welche Kräfte der Bildungsinhalt im Kind anspricht und weckt, und er muss antizipieren können, welche Kräfte das Kind hat, die sich wecken und ansprechen lassen. Wenn man nun 4. die Bemühungen um solche Gegenstände unter der Frage „Was soll dem Kinde begegnen?" als Aufgabe der Didaktik betrachtet, so steht das didaktische Arbeiten des Lehrers unter der zentralen Aufgabe, die geistige Arbeit zu investieren, um angemessene Bildungsinhalte zu finden und deren Bildungsgehalte bzw. deren Bildungswert aufzuspüren.

1.1.2 Die didaktische Analyse als Kern der Unterrichtsvorbereitung

Die Bezeichnung „***didaktische Analyse***" wird recht häufig verwendet und hinter ihr verbergen sich – etwa in der fachdidaktischen Literatur – unterschiedliche Auffassungen und Konzeptionen zu Prämissen und Verfahren der Unterrichtsplanung.

Hier soll aber ausschließlich auf jenes weitbekannte Planungskonzept eingegangen werden, das WOLFGANG KLAFKI erstmals 1958 unter dem Titel „Didaktische Analyse als

Kern der Unterrichtsvorbereitung“ veröffentlichte (Klafki 1958; 1964). KLAFKI gliedert seinen Aufsatz in vier Kapitel:

A. Die Fragestellung,

B. Bildungsinhalt und Bildungsgehalt,

C. Die didaktische Analyse,

D. Beispiele didaktischer Analysen.

Die Kernthesen des ersten Kapitels wurden weiter oben bereits kurz angesprochen und sollen hier nicht vertieft werden. Im zweiten Kapitel geht KLAFKI nun davon aus, dass die Lehrplangestalter annehmen, dass „diese Inhalte, wenn die betreffenden Kinder oder Jugendlichen sie sich innerlich zu eigen gemacht haben, den jungen Menschen dazu befähigen werden, in sich und zugleich in seiner Beziehung zur Welt ‚eine gewisse Ordnung herzustellen‘ (LITT), ‚Verantwortung zu übernehmen‘ (WENIGER), Lebensnotwendigkeiten zu bewältigen und freie Lebensmöglichkeiten zu ergreifen. Die Bildungsinhalte sollen solche Ordnungen bzw. Ordnungsmöglichkeiten, Verantwortungen, unausweichliche Lebensnotwendigkeiten und freie Lebensmöglichkeiten repräsentieren, und das heißt zugleich: den jungen Menschen für Ordnungen (etwa rechtliche, soziale, sittliche), Verantwortungen (etwa mit-menschliche oder politische), Notwendigkeiten (etwa sogen. Kulturtechniken, eines Mindestmaßes an lebendigem Wissen u.s.f.), freie geistige Möglichkeiten (etwa Freizeitgestaltung durch musische Betätigung und musischen Genuss, der Berufswahl usw.) erschließen." (Klafki 1964, S.13 f.) In welcher Weise die didaktische Analyse vorgenommen werden kann, zeigt uns das Kapitel C. Die Abfolge der fünf Grundfragen, die dabei zu stellen sind, ist nicht zwingend. Zwingend ist, dass alle fünf Grundfragen im Verhältnis wechselseitiger Abhängigkeit zu einander beantwortet werden.

Durch die Fragen nach (I) dem Exemplarischen, (II) der Gegenwarts- und (III) Zukunftsbedeutung muss der Inhalt seinen immanenten Bildungsgehalt für eine konkrete Schülergruppe hier und jetzt nachweisen. Die Herausarbeitung der (IV) Struktur des Inhalts, eventuell auftretender Schwierigkeiten und möglichen Formen der (V) Zugänglichkeit und Darstellbarkeit beleuchtet Möglichkeiten der unterrichtlichen Umsetzung, bietet allerdings noch keine konkrete Feinplanung für Einzelstunden.

Die Hauptfragen der didaktischen Analyse formuliert KLAFKI folgendermaßen (Klafki 1964, S.15ff.):

„I. Welchen größeren bzw. welchen allgemeinen Sinn- oder Sachzusammenhang vertritt und erschließt dieser Inhalt? Welches Urphänomen oder Grundprinzip, welches Gesetz, Kriterium, Problem, welche Methode, Technik oder Haltung lässt sich in der Auseinandersetzung mit ihm ‚exemplarisch‘ erfassen?

II. Welche Bedeutung hat der betreffende Inhalt bzw. die an diesem Thema zu gewinnende Erfahrung, Erkenntnis, Fähigkeit oder Fertigkeit bereits im geistigen Leben der Kinder meiner Klasse, welche Bedeutung sollte er – vom pädagogischen Gesichtspunkt aus gesehen – darin haben?

III. Worin liegt die Bedeutung des Themas für die Zukunft der Kinder?

IV. Welches ist die Struktur des (durch die Fragen I, II, und III in die spezifisch pädagogische Sicht gerückten) Inhaltes?

V. Welches sind die besonderen Fälle, Phänomene, Situationen, Versuche, in oder an denen die Struktur des jeweiligen Inhalts den Kindern dieser Bildungsstufe, dieser Klasse interessant, frag – würdig, zugänglich, begreiflich, ‚anschaulich' werden kann?"

Formuliert man die hier von KLAFKI genannten Auswahlgesichtspunkte etwas um, so ergeben sich für den Lehrer etwa folgende Fragen: Gibt der Stoff genug her an Einsicht in Sachzusammenhänge, brauchen die Lernenden diese Einsicht, sei es für die Schule, sei es für später, brauche ich als Lehrer sie für jetzt und später, kann ich Wege finden, diese Einsicht zu vermitteln und kann ich mich dabei auf das stützen, was dem Stoffe selbst inhärent ist an Gesetzlichkeit? Gemeint ist damit, wenn auch nicht explizit ausgeführt, das Moment der Intention, das Moment der Sache bzw. des Themas, das der Medien und das der Methode. Zusätzlich spielt hier die pädagogische Begründung eine Rolle, entscheidend ist aber die Wert- und Sinnfrage, wobei der Lehrer die Person ist, die sich für die Kinder zu entscheiden hat. Was hier noch nicht in die Analyse miteinbezogen wird, zumindest nicht explizit, sind die eigenen Entscheidungsmöglichkeiten der Schüler, ihre Mitbestimmung sowohl bei der Planung als auch bei der Realisation der Bildungsziele. Die größte Schwäche in der von KLAFKI formulierten Fragenreihe liegt aber eher im Bereich der Zukunftsfähigkeit gewählter Inhalte oder, aus Sicht der vorgenommenen Erweiterungen, auch im Bereich der gewählten Sozialformen, Methoden und Medien. Bezüglich des Aspekts Zukunftsfähigkeit muss man sich nur vor Augen halten, dass zu dem Zeitpunkt, als KLAFKI seine Grundfragen formulierte, ernsthaft überlegt wurde, ob die Menschheit zwei oder mehr Großrechner der Generation ENIAC überhaupt gebrauchen könnte. Für die Kinder und Jugendlichen, die gegen Ende der 60er Jahre ihre Schullaufbahnen begannen, ist inzwischen der Umgang mit Computern und (weltweiten) Netzwerken als Schlüsselkompetenz, als grundlegende Berufsvoraussetzung unabdingbar. (vgl. Petersen/ Grone-Lübke 2005b, S.125f.)

Zusammenfassend lässt sich sagen, dass mit der Fragestruktur der didaktischen Analyse nicht bloße Inhalte in den Blick der planenden Lehrkraft kommen, sondern gemäß den bildungstheoretischen Vorklärungen nur Bildungsinhalte, d.h. Inhalte, die unter bestimmten Umständen im Unterricht bildungswirksam werden können.

Der Fragenkatalog der didaktischen Analyse verschafft dem Lehrer Klarheit darüber, ob ein Inhalt zugleich über ein Besonderes und Allgemeines verfügt und damit vom didaktischen Potenzial her als Bildungsinhalt in Frage kommt. Die didaktische Analyse klärt zwar Voraussetzungen und bietet dem Lehrer Entscheidungshilfen, die Entscheidung selbst, ob ein bestimmter Inhalt mit potenziellem Bildungsgehalt im je spezifischen Unterricht verwendet werden soll, liegt aber ausschließlich beim planenden Lehrer.

Bitte nutzen Sie nun das Lernprogramm auf der DVD!

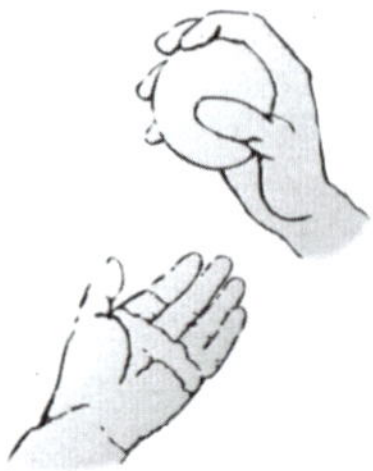

1.2 Lerntheoretische Didaktik

1.2.1 Aufgaben und Fragestellungen der Lerntheoretischen Didaktik

Am Anfang der 60er Jahre des 20. Jahrhunderts entstand eine neue didaktische Theorie, die anfänglich für Ausbildungszwecke im Rahmen der Lehrerausbildung an der Pädagogischen Hochschule in Berlin entwickelt und unter dem Namen „Berliner Modell“ bekannt wurde.

Die Grundlagen des Berliner Modells wurden zum Fundament einer neuen didaktischen Gesamtkonzeption, der Lerntheoretischen Didaktik, die einen erklärten Gegensatz zur Bildungstheoretischen Didaktik darstellte.

Initiator dieser Konzeption war Paul Heimann (1901-1967), der in der Abhandlung „Didaktik als Theorie und Lehre“ erstmals 1962 diese neue didaktische Theorie der Öffentlichkeit vorstellte (Heimann 1962, S.407ff.). 1965 folgte eine weitere Veröffentlichung, an der neben Heimann zwei weitere Vertreter des lerntheoretischen Ansatzes, Wolfgang Schulz und Gunter Otto, beteiligt waren (Heimann, Otto, Schulz 1965). In seiner Schrift „Didaktik als Theorie und Lehre“ formuliert Heimann, dass die zu entwickelnde (lerntheoretische) Didaktik mindestens für drei immer wiederkehrende konkrete Ausbildungsanlässe eine theoretische Basis zu entwickeln habe:

„1. für die unterrichtliche *Analyse* in den häufigen Hospitations-Situationen,

2. für die Planung von *Unterrichtsvorhaben*, die von Studenten durchzuführen sind,

3. für unterrichtliche *Experimente*, die zur Verifikation oder Falsifikation umstrittener didaktischer Hypothesen gelegentlich unternommen werden.“ (Heimann 1962, S.407)

Insgesamt geht es Heimann darum, bei Lehramtsstudierenden ein „operatives theoretisches Bewußtsein und Gewissen“ (Heimann 1962, S.407) zu bilden, das in Unterrichtsplanungssituationen, Entscheidungssituationen im didaktischen Bezugsfeld und in der Evaluation stattgefundenen Unterrichts in professioneller Weise wirken kann. Die sechs Thesen zur Ausbildungsprogrammatik, die er nach einer definitorischen Differenzierung zwischen „Bildungstheoretikern“ und „Lerntheoretikern“ entwickelt, sind für die Gesamtkonzeption so wichtig, dass wir sie hier vollständig zitieren wollen:

„1. Es sind nicht so sehr die Theorien, es ist das *Theoretisieren* zu lehren. Nicht der Inhalt von Theoremen ist das Entscheidende, sondern die Weise, in der sie die Interpretation einer didaktischen Situation gestatten.

2. Nicht die Theorie als Endgestalt, der *Prozeß der Theorienbildung* ist der eigentliche Gegenstand der didaktischen Ausbildung. Dieser Prozeß hat seine Entsprechung in der Strukturgesetzlichkeit der didaktischen Aktionsformen.

3. Der personale Ort, wo sich die Informationen über die Aufbaugesetzlichkeit von Unterrichts- und Bildungsprozessen sammeln, soll hier als *didaktisches Bezugsfeld*, der Ort, wo die didaktischen Entscheidungen fallen, als *theoretisches Bewußtsein* definiert werden.

4. Ziel der didaktischen Ausbildung ist die Bildung eines leistungsfähigen didaktischen *Bezugsfeldes* und die Konstituierung eines operativen *theoretischen Bewußtseins* und Gewissens.
   Didaktisches Bezugsfeld und theoretisches Bewußtsein zusammen lassen sich auffassen als ein *theoretisches Potential*, das sich laufend in der unterrichtlichen Praxis aktualisiert.

5. Für den Aufbau eines zulänglich ausgestatteten didaktischen Bezugsfeldes ist das Studium von Bildungssystemen, theoretischen Konzeptionen und Tatsachenwissenschaften förderlich; zur Präzisierung des theoretischen Bewußtseins ist eine Kultivierung der didaktischen Reflexion wünschenswert.

6. Die angemessene Vermittlungsform für solche Informationen und Einstellungsanbahnungen ist nicht so sehr die verbale Belehrung (obwohl unentbehrlich) als vielmehr ein *didaktisches Exerzitium*, das zur Aktionsbasis die Schulpraxis der Alltagswirklichkeit hat.

Was darf von einer solchen Form der Ausbildung erwartet werden? Daß der von ihr Betroffene in die Lage versetzt wird, unterrichtliche Situationen kategorial zu strukturieren, faktoriell zu analysieren und sie auf fällige Entscheidungen hin didaktisch zu beurteilen.

Er muß zu diesem Zwecke lernen,

1. Strukturen zu erkennen;
2. Probleme zu exponieren;
3. Tatsachen, Normen und Organisations-Formen zu beurteilen;
4. Entscheidungen vorzubereiten, um in ganz konkreten Fällen das jeweils erforderliche theoretische Äquivalent bilden und Entscheidungen mit einem mittleren Maß wissenschaftlicher Begründetheit treffen zu können.“ (Heimann 1962, S.413f.)

Fassen wir zusammen: HEIMANN nennt als wichtige Ziele der Lerntheoretischen Didaktik, im Prozess der Entwicklung bzw. Anwendung eines operativen theoretischen Bewusstseins Strukturen zu erkennen und Entscheidungen vorzubereiten und realisieren zu können.

Das zentrale Ziel der Lerntheoretischen Didaktik ist jedoch – so PAUL HEIMANN – die Entwicklung eines operativen theoretischen Bewusstseins bei Lehramtsstudierenden (und eigentlich auch bei den in der Praxis tätigen Lehrern) an einem personalen Ort, den HEIMANN als „didaktisches Bezugsfeld“ bezeichnet. Nicht die alleinige Aneignung von Theorie aus pädagogischer, lernpsychologischer, soziologischer etc. Provenienz ist also das Ziel, sondern die Fähigkeit beim planenden, durchführenden und reflektierenden Lehrer, praktische Situationen im Unterricht auf Theorien bzw. Theoriefelder beziehen zu können.

Ergebnis dieser Bemühungen ist die so genannte *Strukturanalyse von Unterricht*, die wir als Grundelement der Modellstruktur der lerntheoretischen Didaktik noch näher kennen lernen werden. PAUL HEIMANN und WOLFGANG SCHULZ formulieren diese phänomenologisch orientierte komplexitätsreduzierende Aufgabe wie folgt:

> „Wenn man das Phänomen Unterricht betrachtet, wie es sich im schulischen Alltag, wie in historischen Dokumenten darbietet, im Stadium der Durchführung wie in dem der Planung, so wird man zunächst von traditionellen Anschauungen darüber, von Unterrichtstheorie, von eigener Sympathie oder Antipathie radikal absehen müssen, damit das Erkenntnisobjekt unverstellt in den Blick kommt. Wenn man von dem, was sich zeigt, auch das Zufällige noch abstrahiert, das nur zum jeweiligen Unterrichtsbeispiel, nicht aber notwendig zum Unterricht überhaupt gehört, dann tritt die formale Struktur hervor, als deren inhaltliche Variation sich konkreter Unterricht beschreiben läßt.“ (Schulz 1965, S.23)
>
> „Da es sich letzten Endes um didaktische Entscheidungen und ihre Begründung handelt, wird auf einer ersten Stufe ermittelt werden müssen, ob es konstante Situations-Momente gibt, auf die sich der Entscheidungs- und Begründungswille immer zu richten hat.
>
> Das geschieht in einer didaktischen Kategorial-Analyse, die einige strukturelle Konstanten von Unterrichtsvorgängen (Lehr- und Lern-Prozessen) herausarbeitet und deshalb zweckmäßigerweise hier als die Stufe der Struktur-Analyse bezeichnet werden soll. Sie entwirft eine didaktische Topologie der wichtigsten Entscheidungs- und Begründungsfelder und ist formaler Natur, auf die Konstituierung eines geschärften Struktur- und Problembewußtseins gerichtet. Die hier zu ermittelnden Grundkategorien (Strukturbegriffe) bezeichnen die Bedingungen der Möglichkeit von Unterricht (als Ort didaktischer Prozesse) überhaupt. Sie geben an, welche

Bedingungen erfüllt sein müssen, wenn von Unterricht gesprochen werden darf." (Heimann 1962, S.415)

Ein so verstandenes *operatives*, also auf praktische Unterrichtssituationen gerichtetes *theoretisches Bewusstsein* ist aber ohne Theoriebezug nicht zu wissenschaftlich begründeten Entscheidungen fähig. Diese wären, wie HERWIG BLANKERTZ einmal ausführte, „vorwissenschaftlich naiv" (Blankertz 1975, S.111). Natürlich hat HEIMANN dieses Problem gesehen. Über die „Strukturanalyse" wird daher eine zweite Stufe didaktischer Reflexion „gesetzt", die so genannte „Faktorenanalyse". Erst im Zusammenwirken von struktur- und faktorenanalytischen Reflexionen konstituiert sich, so die Absicht der Lerntheoretischen Didaktik, überhaupt ein *operatives theoretisches Bewusstsein*.

1.2.2 Die Strukturanalyse des Unterrichts als zentrales Moment der Modellstruktur der Lerntheoretischen Didaktik

Das Ergebnis der Versuche, eine Komplexitätsreduktion durchzuführen und eine Planung und Analyse von Unterricht auf kategorial-analytischer Basis zu ermöglichen, ist die – bereits angesprochene – Strukturanalyse des Unterrichts der Lerntheoretischen Didaktik.

Der Unterricht wird als Phänomen betrachtet, das mindestens sechs konstitutive Momente erkennen lässt: 1. die Intentionen, 2. die Themen, 3. die Methoden, 4. die Medien, 5. und 6. die schon jeweils gegebenen Voraussetzungen, welche als anthropogene und als sozial-kulturelle Voraussetzungen bezeichnet werden.

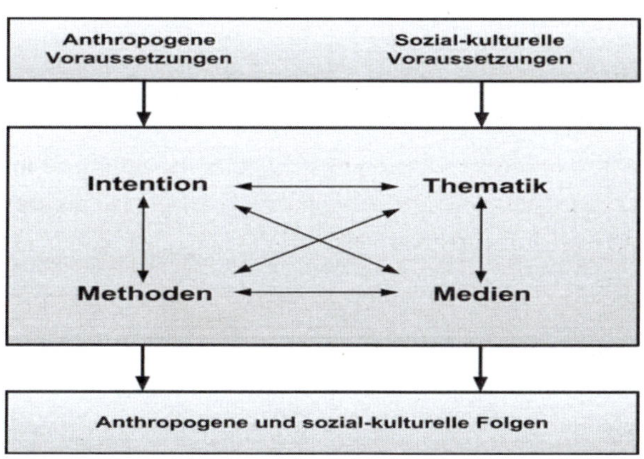

Abbildung 3: Die Strukturanalyse des Unterrichts der Lerntheoretischen Didaktik (nach Heimann 1962, S.415f.).

Anthropogen meint, dass Lehrer und Schüler als Personen je nach individueller Ausformung (z.B. Alter, Reife, Intelligenz) im Unterricht aufeinander treffen, *sozial-kulturell* meint, dass die gesellschaftlich-historische Lage Einfluss auf den Unterricht hat, aber auch, dass im konkreten Fall der Unterricht in ein vorbestimmtes Organisationsschema eingefügt ist, also in der 2. oder 3. Stunde eines Unterrichtstages liegt, in einer bestimmten Alters- bzw. Klassenstufe stattfindet oder auch in einer bestimmten Schulform angesiedelt ist, für die es gesetzliche Verordnungen gibt und ähnliches mehr. Alle Strukturmomente lassen sich vom Einzelfall abheben und in der gewählten Form, in der gezeigten Weise generalisieren, aber man kann umgekehrt dieses erste allgemeine Ordnungsschema wieder differenzieren und nach Art eines immer feiner werdenden Rasters spezifizieren. In diesem zuletzt genannten Sinne, also der Differenzierung, liefert der Autor WOLFGANG SCHULZ in Anlehnung an HEIMANN zum Punkt Intentionen noch ein zweites Schema, welches darauf abgestimmt ist, dass sich Lern- und Lehrziele in mindestens drei verschiedenen Dimensionen mit Hilfe von Ordnungsbegriffen unterscheiden lassen.

Denn wenn die Beobachtung zeigt, dass der Unterricht selbst einen gesteuerten Verlauf nimmt, der von einer Stufe geringerer Qualifikation zu einer Stufe höherer Qualifikation strebt, so sind, SCHULZ zufolge, Qualitätsstufungen in den drei wichtigsten Dimensionen der Erkenntnis, des Handelns und des Erlebens zu unterscheiden, die er in einer Tabelle folgendermaßen zusammenfasst (vgl. Schulz 1965, S.27):

Dimension / Qualitätsstufen	kognitive Dimension	pragmatische Dimension	emotionale Dimension
Anbahnung	Kenntnis	Fähigkeit	Anmutung
Entfaltung	Erkenntnis	Fertigkeit	Erlebnis
Gestaltung	Überzeugung	Gewohnheit	Gesinnung

Abbildung 4: Unterscheidung von Qualitätsstufen in verschiedenen Dimensionen (nach Schulz 1965, S.27).

Brigg Verlag F.-J. Büchler KG • Best.-Nr. 005
www.brigg-verlag.de

Natürlich kann die Terminologie als vordergründig betrachtet werden, auch SCHULZ würde sich nicht auf die benutzten Termini festlegen wollen. Im Laufe der Entwicklung sind hierfür auch genauere und differenziertere Modelle entwickelt worden (vgl. Bloom 1972). Wichtiger als die Bezeichnung der Unterschiede allerdings sind die sachlichen Differenzen selbst. Tatsächlich ist es ein Unterschied, ob man die Schüler dazu bringen will, ein Faktum zur Kenntnis zu nehmen, oder dazu, dieses Faktum als in einem Zusammenhang begründet zu erkennen, oder dazu, aus der Erkenntnis solcher Zusammenhänge Denküberzeugungen zu gewinnen.

SCHULZ benutzt folgendes Beispiel, um zu verdeutlichen, dass Lernende manchmal nur zur Kenntnisnahme von Fakten aufgefordert werden: „800 n. Chr. wurde Karl der Große zum Kaiser gekrönt" (Schulz 1965, S.26). Das ließe sich erweitern, wenn man als Erkenntnisgewinn die Einsicht in das *Warum* dieses Faktums herstellt und als Überzeugung schließlich, dass hier ein Beispiel für historische Wirkungszusammenhänge dargestellt wird. Analog zu verstehen sind die Beispiele von SCHULZ für die pragmatische Dimension. Am schwierigsten zu bestimmen und durch Beispiele zu belegen sind allerdings solche Stufungen in der emotionalen Dimension.

Die generelle These ist nun, dass alle sechs wesentlichen Strukturmomente sich nicht nur in der Weise, wie eben für das Moment Intentionalität gezeigt, differenzieren und spezifizieren lassen, sondern dass ebenfalls alle Strukturmomente mit allen in spannungsreicher Wechselbeziehung stehen. Da es aber sehr viel schwieriger ist, die Wechselwirkung aufzuweisen, als die Unterscheidungen der Momente nachzuvollziehen, wollen wir zunächst die Differenzierung an zwei weiteren Strukturmomenten, dem Strukturmoment *Methoden* und dem Strukturmoment *Medien* vorführen, weil die Lerntheoretische Didaktik in diesen beiden Bereichen besondere Verdienste erworben hat.

SCHULZ unterscheidet zum Strukturmoment Methoden folgende Ordnungsgesichtspunkte (vgl. Schulz 1965, S.31-34):

1. ***Unterrichtskonzeptionen***, welche die Unterrichtsschritte determinieren. Dazu gehören Verfahren, die ganzheitlich beginnen, analytisch enden, Projektverfahren, wie etwa Reiseplanungen, Theateraufführungen und gruppenspezifische Verfahren, etwa Laborübungen. Die Unterrichtskonzeptionen können offenbar überall im didaktischen Feld wiederkehren. Zu entscheiden ist, welches die effektivsten für den vorliegenden Fall sind.
2. ***Artikulationsschemata***, die den Unterricht nach Ablaufphasen gliedern. HERBARTS Reihung von Klarheit – Assoziation – System – Methode ist hier ein Beispiel. Diese Zeit- und Phasengliederung des Unterrichts lässt sich als querliegende Bestimmung zu den Qualitätsstufen in den drei Zieldimensionen betrachten; die beide Stufungsschemata (Qualitätsstufen und Artikulation) können

offenbar allerorts wiederkehren, die Frage ist, was man an welcher Stelle zu wählen hat.

3. ***Sozialformen des Unterrichts***, etwa Kreisordnung, Frontalordnung, Gruppenordnung, Einzel- und Partnerunterricht. Dass in fast jede Sozialform alle Themen, Ziele und Methodenkonzeptionen eingehen können, scheint auf der Hand zu liegen.
4. ***Aktionsformen des Lehrens***, etwa direkte wie der Vortrag, die Frage, die Demonstration oder indirekte, wenn der Lehrer nur Arbeitsmittel bereitstellt, selbständig experimentieren lässt. Offenbar haben solche Aktionsformen mehr oder weniger große Affinität zu Zielen, Themen und Sozialformen des Unterrichts.
5. ***Urteilsformen*** zustimmender oder ablehnender Art, impliziter oder expliziter Form. Sie sind offenbar eng verknüpft mit dem Medium Unterrichtssprache und lassen sich, zusammen mit der gewählten Aktionsform, der gewählten Sozialform, der gewählten Unterrichtskonzeption und dem gewählten Unterrichtsthema auch als Stil des Unterrichts klassifizieren.

Wie man sieht, geht hier die Differenzierung des Strukturmoments Methode von einem jeweils leicht verschobenen Gesichtspunkt aus: entweder bestimmen intellektuelle Vorentscheidungen oder eher personelle Zusammensetzungen oder Verhaltensweisen verbaler oder nichtverbaler Art die Begriffe.

Man spürt auch hier die Anstrengungen, die verschiedenen Momente des didaktischen Feldes theoretisch zu ordnen und dem praktischen Handeln zugänglich zu machen.

Man sieht aber auch, dass man diese Ordnung nur als vorläufige Ordnung, als Hilfsmittel der Betrachtung benutzen darf. Sie bildet auf diesem Stadium der Entwicklung mit Sicherheit kein theoretisches System, das unmittelbar einer praxisorientierten Umsetzung – beispielsweise in Planungsmodelle – genügen kann. Wir können auch sagen, dass eine Analyse der einzelnen Strukturmomente auf umso größere Schwierigkeiten stößt, je spezieller die Unterscheidungen werden. (Vgl. Petersen /Grone-Lübke 2006, S.82f.)

Eine Differenzierung des Strukturmoments Medien wird von SCHULZ in folgender Weise vorgenommen (vgl. Schulz 1965, S.34-36):

1. *In Bezug auf die Intentionen* können Medien monovalent oder polyvalent sein, das heißt einem Lehrziel dienen oder mehr als einem.
2. *In Bezug auf die Themen* werden unterschieden Abbildungen (Fotos, Filme, Platten, Tonbänder etc.), Muster (z.B. Gesteinsproben) und Gestaltungsmittel (z.B. Pinsel und Farben).
3. *In Bezug auf Methoden* als Lehr- und Lernmittel, z. B. Lesebücher für den Gruppenunterricht, aber auch für die Stillarbeit.

4. *In Bezug auf anthropogene Voraussetzungen* als vertraute oder ungewohnte, als fragwürdige oder angemessene, fördernde oder hemmende.
5. *In Bezug auf sozial-kulturelle Voraussetzungen* als wirksam, fördernd, prestigebeladen oder neutral.

Wir wollen an dieser Stelle kurz die Darstellung des Lerntheoretischen Modells von SCHULZ verlassen und uns noch einmal der Einführung von HEIMANN (Heimann, Otto, Schulz 1965) zuwenden. Er sagt im Hinblick auf die Unterrichtsplanung:

> „Alle Konzepte gehen davon aus, daß eine Einzelstunde nur im Rahmen einer größeren Unterrichtseinheit geplant werden kann. Deshalb ist allen eine Strukturskizze der Unterrichtseinheit vorangestellt." (Heimann 1965, S.11)

Wie diese von HEIMANN angekündigte Strukturskizze einer größeren Unterrichtseinheit angelegt werden muss, sagt uns die von SCHULZ beschriebene Ordnung nach Intention, Thema, Methode und Medien im Binnenkontext von Unterricht, nach anthropogenen und sozial-kulturellen Voraussetzungen im Außenkontext von Unterricht. Was in der Ordnung bei SCHULZ nur angedeutet wird, kündigt HEIMANN als regulative Prinzipien für alle Einzeldarstellungen an, wenn er ausführt:

> „Außerdem haben alle Autoren einer dreifachen Forderung nachzukommen versucht:
>
> 1. alle den Unterricht konstituierenden Momente als im Verhältnis wechselseitiger Abhängigkeit stehend zu behandeln *(Prinzip der Interdependenz),*
> 2. wegen der prinzipiellen Unvorhersehbarkeit von Schülerreaktionen in der Planung mehrere Verlaufsmöglichkeiten vorzusehen *(Prinzip der Variabilität),*
> 3. den Plan so zu gestalten, daß das Maß seiner Erfüllung überprüft werden kann *(Prinzip der Kontrollierbarkeit)*". (Heimann 1965, Hervorh. d. d. Verf.)

Mit den genannten drei regulativen Prinzipien ist gleichzeitig deren Umsetzungsproblematik in die Unterrichtspraxis beschrieben: Einerseits gibt es eine handfeste reale Seite in der Unterrichtswirklichkeit und in der Unterrichtstätigkeit des Lehrers, der sich vorbereiten, den Unterricht durchführen und die Durchführung wieder kontrollieren muss. Andererseits gibt es eine zweite, nicht weniger handfeste reale Seite, die aber für die Lehrerbildung, die Lehrer auf ihre Tätigkeit vorbereiten will, relevant ist. Diese besteht darin, dass die oben genannten regulativen Prinzipien ihrerseits wieder in einer Theorie aufgefangen werden müssten; diese Ebene fehlt allerdings dem Lerntheoretischen Modell.

1.2.3 Faktorenanalyse und Unterrichtsplanung

Wie schon erwähnt wurde, unterscheidet die Lerntheoretische Didaktik zwei Ebenen der didaktischen Reflexion, die beide auf je spezifische Weise mit den tatsächlichen Entscheidungen von Lehrerinnen und Lehrern bei der Unterrichtsvorbereitung und während des Unterrichtens zu tun haben: *die Strukturanalyse und die Faktorenanalyse*.

> Die ***Strukturanalyse*** beschreibt, über welche Strukturmomente von Unterricht prinzipiell und unabhängig von der Spezifik konkreter Einzelstunden Entscheidungen gefällt werden müssen.

Die vier Strukturmomente der intentionalen, thematischen, methodischen und medienwählenden Entscheidungen benennen also Felder, in denen Lehrer Entscheidungen fällen müssen, ohne dass mit diesen Feldern schon die Entscheidungen vorgegeben sind. Deshalb nannten HEIMANN und SCHULZ die Strukturanalyse wertfrei.

> Die ***Faktorenanalyse*** beschreibt, welche Faktoren auf diese Entscheidungen Einfluss haben können bzw. gehabt haben. Weil es bei der Faktorenanalyse um die Beurteilung und Gewichtung der den Unterricht bedingenden Faktoren geht, kann sie nicht mehr wertfrei sein. Sie ist vielmehr hermeneutisch vermittelt und ideologiekritisch.

WOLFGANG SCHULZ nennt im Anschluss an PAUL HEIMANN drei Aspekte der Faktorenanalyse, nämlich (vgl. Schulz 1965, S.39ff.):

- die Normenkritik,
- die Faktenbeurteilung und die
- Formenanalyse.

Die *Normenkritik* soll die normativen Einflüsse auf den Unterricht aufdecken. Ihr Ziel ist die permanente Ideologie-Kritik von unterrichtsbezogenen Entscheidungen.

Die *Faktenbeurteilung* dient dazu, mit Hilfe der Humanwissenschaften ermittelte Fakten daraufhin zu überprüfen, ob und gegebenenfalls in welcher Weise sie Einfluss auf den Unterricht haben (können).

Die *Formenanalyse* dient der Aufdeckung gegenwärtig und in der Vergangenheit bevorzugter Unterrichtsmethoden und der Überprüfung ihres Erfolgs bzw. ihrer Wirkungen.

Die *Unterrichtsvorbereitung bzw. Stundenplanung* kommt nun, der zugrunde gelegten Literatur zufolge, in mindestens zwei Größenordnungen vor: als Gesamtplanung einer Unterrichtseinheit und als Einzelplanung für eine Unterrichtsstunde. Enthalten muss sie theoriegemäß: die Voraussetzungen, sodann Intention, Thema, methodische Schwerpunkte, bevorzugte Medien und schließlich die beabsichtigte Weiterführung. Aus der Sicht dieses Modells wird empfohlen, bei der schriftlichen Planung des Stundenverlaufs fünf Kategorien zu berücksichtigen. Diese enthalten Angaben über die vorgesehene Zeiteinteilung, das geplante Lehrerverhalten, das erwartete Schülerverhalten, den geplanten Medieneinsatz und den didaktischen Kommentar.

Zeit	Geplantes Lehrerverhalten	Erwartetes Schülerverhalten	Medieneinsatz	Didaktischer Kommentar

Tabelle 1: Angaben für die Unterrichtsplanung nach Schulz.

Es ist nun überaus reizvoll, aber auch in unserem Sinne bedenklich zu sehen, dass in der Abfolge der Einzelbeispiele zu verschiedenen Fächern, Fachgebieten, Schulstufen und Altersgruppen, die im Sammelband vorgeführt werden, zwar immer wieder das Grundschema benutzt, aber überaus verschieden interpretiert, ausgeführt, und an die Wirklichkeit als Ordnungsschema herangebracht wird. Das gilt vor allem in Hinblick auf die *anthropogenen Voraussetzungen und sozial-kulturellen Bedingungen*, wo einmal von den Schülern einer bestimmten Klasse, aber keineswegs von Individuen die Rede ist, ein andermal nur von bestimmten Altersstufen und typischen Altersmerkmalen, wo einmal die Grundprobleme eines Unterrichtsfaches erörtert werden, ein andermal nur von der Analyse der stoffbedingten Ansprüche als persönlicher Auseinandersetzung des Lehrers mit dem Unterrichtsgegenstand die Rede ist und wo auch die Kontrolle einmal extensiv geschildert wird, ein andermal nur als Stichwort vermerkt ist und so fort.

Bleiben auf der einen Seite die Handlungsfolgen des Modells auf der Ebene der strukturellen Durchdringung antizipierter Unterrichtswirklichkeit im Sinne von Unterrichtsplanungen ambivalent und mehrdeutig auslegbar, so gilt ähnliches auch für die Prinzipien der Interdependenz, der Variabilität und der Kontrollierbarkeit. Wenn wirklich alle Faktoren des Unterrichtsgeschehens interdependent sind, wie wirkt sich das aus? Denn man kann, mindestens hypothetisch, annehmen, dass hier nicht pures Gleichmaß der Kräfte wirksam ist, sondern dass, um ein Beispiel zu geben, die Wechselwirkung zwischen Ziel und Stoff nicht in allen Fächern gleich groß ist, nicht auf allen Altersstufen gleichartig, nicht in jeder Einzelstunde von gleicher Bedeutung. Oder: wenn wirklich alle Faktoren variabel sind, sind sie es immer und unter allen Umständen in gleichem Ausmaß? Man kann, wieder zunächst nur hypothetisch, annehmen, dass die Variabilität einzelner Faktorengruppen nicht zu allen Zeiten, für alle Fächer, für alle Fachziele von gleicher Erheblichkeit ist. Oder: wenn jedes Mal kontrolliert werden muss, ob der Verlauf der Planung entspricht, das Ergebnis der Erwartung gerecht wird, die Einberechnung der Variabilität gelang oder nicht, wie weit muss man diese Kontrolle treiben?

Solche und ähnliche Fragen werden durch das lerntheoretische Modell nicht beantwortet. BLANKERTZ hat dazu angemerkt:

> „Denn die Kategorien der Lerntheoretischen Didaktik sind nicht weniger, aber eben auch nicht mehr als Klassifizierungen für Entscheidungen (...) Nach Durchlaufen der lerntheoretischen Analyse werden sie nicht mehr vorwissenschaftlich-naiv sein, wohl aber nachwissenschaftlich-privat." (Blankertz 1975, S.112/114)

Dieser Einschätzung ist allerdings nur bedingt zuzustimmen, da in die Faktorenanalyse das Wissen um die Ergebnisse empirischer Forschung einfließt. Im Sinne des HEIMANNschen Postulats vom Aufbau eines *operativen theoretischen Bewusstseins beim Lehramtsstudenten* sind diese Entscheidungen eben nicht mehr nachwissenschaftlich-privat, sondern theoretisch begründet oder doch mindestens begründbar.

Man kann aber auch fragen, ob sie sich im Rahmen einer Theorie bzw. eines Modells überhaupt anders beantworten lassen als mit allgemein gemeinten Hinweisen. Das hieße aber, dass immer noch eine relativ große Distanz zwischen der Praxis und der Theorie besteht, wenngleich die Theorie so praxisnah sein will, wie es überhaupt möglich erscheint.

Die Lerntheoretische Didaktik, etwas schroff ausgedrückt, unterliegt der Fiktion einer wertfreien Beschreibung, Analyse und Konstruktion didaktischer Wirklichkeit, die nur allzu leicht bereit ist, die bei der Unterrichtsplanung, Unterrichtsdurchführung und Kontrolle laufend notwendig werdenden Entscheidungsbegründungen als ideologisch auszugrenzen, wobei sie gleichzeitig die analytische Abklärung und technologische Konstruktion des didaktischen Feldes als vernünftig in Rechnung stellt. Mit dem Verzicht auf eine wie immer geartete Bildungstheorie oder auch nur Konzeption, und das ist, bei allen Vorzügen dieses Modells, wohl der entscheidende Kritikpunkt, wird die Didaktik pädagogisch abstinent. Sie begibt sich – im besten Falle – jener Leitsterne, die der Analyse und Strukturierung des didaktischen Feldes pädagogische Form und pädagogischen Sinn geben können, sie erliegt – im schlechtesten Falle – Formgebungen und Sinnzuschreibungen, die sie selbst nicht mehr in der Hand hat.

Bitte nutzen Sie nun das Lernprogramm auf der DVD!

1.3 Hamburger Modell

1.3.1 Leitgedanken des Modells

Nachdem Anfang der 1960er Jahre von PAUL HEIMANN – unter Mitarbeit von WOLFGANG SCHULZ und GUNTER OTTO – das didaktische Modell der Lerntheoretischen Didaktik (Berliner Modell) entwickelt worden war, setzte sich WOLFGANG SCHULZ seit den späten 60er Jahren immer deutlicher für eine Änderung bzw. Neufassung des Berliner Modells ein. Er entwickelte bis 1980 eine neue didaktische Konzeption, die wegen seines inzwischen erfolgten Wechsels an die Hamburger Universität den Namen „Hamburger Modell" erhielt.

Im Unterschied zum Berliner Modell versucht SCHULZ im Hamburger Modell eine einseitige Lehrerzentriertheit im Bereich der Unterrichtsplanung zu vermeiden. Nicht mehr Lehrer allein – die zwar nach wie vor Hauptadressaten dieser neuen lerntheoretischen Didaktik sind – sollen über Unterricht entscheiden, sondern alle Beteiligten sollen in gemeinsamem Handeln den Unterricht planen.

Ein wichtiges Ziel von Unterricht in diesem didaktischen Kontext besteht deshalb darin, – so SCHULZ – „emanzipatorisch relevant" zu sein, d.h. die Fähigkeit der Schüler zu „Befreiung von überflüssiger Herrschaft und zu möglichst weitgehender Verfügung über sich selbst" zu fördern. (Schulz 1980a, S.59f.)

An anderer Stelle erläutert SCHULZ den im Rahmen seines Modells zentralen Begriff der emanzipatorischen Relevanz von Unterricht mit folgenden Worten:

> „Und wenn mit Hilfe der Lehrer die unkritische Verinnerlichung bestehender Verhältnisse relativiert wird und die Befähigung zur Frage an die Verhältnisse, zum Durchspielen alternativer Antworten gegeben ist und erhalten bleibt, dann macht das und nur das meiner Ansicht nach die emanzipatorische Relevanz von Unterricht aus." (Schulz 1980b, S.81)

Nach SCHULZ' Auffassung emanzipiert Schule nicht unmittelbar und direkt, weil diese Institution kein Ort unmittelbarer Veränderung der Gesellschaft, der ökonomischen und politischen gesamtgesellschaftlichen Rahmenbedingungen sein kann, sondern ist allenfalls emanzipatorisch relevant. Deshalb ist die didaktische Theorie auch nicht selbst zur Veränderung emanzipationshemmender gesellschaftlicher Umstände aufgerufen, sondern kann nur die Bedingungen für die Möglichkeiten eines emanzipatorisch relevanten Unterrichts aufzeigen. (vgl. Peterßen 2001, S.62)

SCHULZ fokussiert seine didaktischen Bemühungen darauf, Lernen in jeder Hinsicht so vorzubereiten und einzurichten, dass den beteiligten Schülern Emanzipation möglich wird. Sein Hamburger Modell bietet Lehrern – so hofft er – jene Hilfen, die sie für ihren emanzipatorischen Auftrag brauchen, bietet ihnen Hilfen dafür, diesen Auftrag professionell ausführen zu können.

Nach dem Hamburger Modell zielt die unterrichtliche Interaktion auf die Vermittlung von Kompetenz, von Autonomie und von Solidarität, wobei sich diese Absichten gegenseitig stützen, aber auch gleichzeitig gegenseitig begrenzen müssen.

In Anlehnung an die „Themenzentrierte Interaktion" (TZI) schlägt SCHULZ vor, die Unterrichtsplanung und den Unterrichtsprozess so zu gestalten, dass eine Balance zwischen Sachansprüchen, Personenansprüchen und Gruppenansprüchen hergestellt wird. Im TZI-Modell von RUTH COHN werden diese Faktoren als „Es" (das von der Gruppe zu bearbeitende Thema), als „Ich" (die individuelle Persönlichkeit) und als „Wir" (die Gruppe) bezeichnet. (Vgl. hierzu Cohn 1980)

Die **„Themenzentrierte Interaktion" (TZI)** – ein von der Psychoanalytikerin und Psychologin RUTH COHN entwickeltes Konzept für die Arbeit in Gruppen, zielt darauf ab, wichtige Faktoren bei Gruppenprozessen in einer dynamischen Balance zu halten.

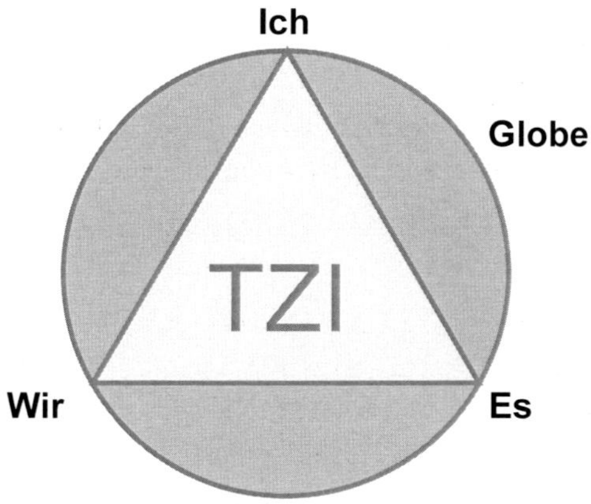

Abbildung 5: Modell der Themenzentrierten Interaktion (vgl. Cohn, 1980).

Bei seinen Vorschlägen zur Unterrichtsplanung versucht SCHULZ vor allem den Anspruch des Hamburger Modells einzulösen, als Bezugspunkt der didaktischen Theorie nicht nur Lehrer (wie noch im Berliner Modell), sondern Lehrer *und* Schüler zu sehen. Dies kann seiner Meinung nach – wie bereits erwähnt – nur über den Weg einer Beteiligung von Schülern an der Unterrichtsplanung geschehen. In der Interaktion mit den Schülern (und evtl. mit anderen beteiligten Personen) soll – so SCHULZ – eine Verständigung über die Unterrichtsziele und die weiteren konstitutiven Momente des didaktischen Feldes herbeigeführt werden.

> „So sehr es auch unserem gegenwärtigen Planungsalltag widersprechen mag, nicht am Schreibtisch des einsam planenden Lehrers, sondern in der Interaktion mit den Schülern, gegebenenfalls mit anderen Lehrern, mit Eltern, mit Gästen fallen in diesem Modell die planerischen Entscheidungen." (Schulz 1991, S.65)

1.3.2 Die Ebenen der Unterrichtsplanung im Hamburger Modell

Auf der Basis der Leitgedanken des Hamburger Modells wird die Planung von Unterricht auf verschiedenen Planungsebenen akzentuiert. SCHULZ unterscheidet vier größere Planungsebenen als aufeinander folgende Planungsaufgaben und -phasen (vgl. Schulz 1981, S.3f):

- In der *Perspektivplanung* wird der Unterricht über einen längeren Zeitraum – etwa ein Jahr oder ein Halbjahr – in Auseinandersetzung mit den Rahmenplänen, den institutionellen und jeweils individuellen Bedingungen des Unterrichts zu Lehrgängen und Unterrichtseinheiten geordnet.
- In der *Umrissplanung* werden einzelne Unterrichtseinheiten zu Sinneinheiten geordnet und didaktisch vorstrukturiert.
- Die *Prozessplanung* klärt als Detailplanung, wie einzelne Unterrichtsstunden auf der Basis der Umrissplanung aussehen könnten (Abfolge der Unterrichtsschritte, Festlegung der Aktions- und Sozialformen etc.)
- Die *Planungskorrekturen* während der Umsetzung der Prozessplanung, d.h. in der unterrichtlichen Interaktion, implizieren Handlungsalternativen als Reaktion auf nicht vorhergesehene neue Faktoren.

1.3.2.1 Perspektivplanung

In der Perspektivplanung geht es nicht um die unmittelbar handlungsleitenden Ziele, Thematiken und Vermittlungsvariablen, sondern um die Erarbeitung von Grundsatzentscheidungen, um eine Besinnung auf die thematischen, methodischen und medialen

Absichten einer langfristigen Unterrichtsarbeit, die die Perspektiven des Handelns in kleineren zeitlichen Kontexten bestimmen können.

> Die Perspektivplanung muss den Planenden über einen längeren Zeitraum einen Orientierungsrahmen für ihr weiteres didaktisches Reflektieren und Handeln bieten.

Daraus ergeben sich noch keine festen und inhaltlich verbindlichen Vorgaben für die weitere didaktische Arbeit, sondern die Perspektivplanung gibt dieser Arbeit dann – wie WILHELM PETERßEN es formuliert – „eine Art Regulativ vor, an dem dann jeweils die Berechtigung weiterer Entscheidungen und Maßnahmen gemessen werden kann.“ (Peterßen 2000, S.97). SCHULZ spricht in diesem Zusammenhang auch von „Richtzielen“ des Unterrichts. Er bietet dem Lehrer auf der Ebene der Perspektivplanung als Hilfe eine Matrix an, in der sich einerseits die in der unterrichtlichen Interaktion zu vermittelnden zentralen Kategorien „Kompetenz“, „Autonomie“ und „Solidarität“ finden und andererseits die möglichen Erfahrungsaspekte des Unterrichts – „Sacherfahrung“, „Gefühlserfahrung“ und „Sozialerfahrung“ – aufgeführt werden.

Intentionen (Absichten) / Themen (Erfahrungsaspekte)	I Kompetenz	II Autonomie	III Solidarität
Sacherfahrung 1	I/1	II/1	III/1
Gefühlserfahrung 2	I/2	II/2	III/2
Sozialerfahrung 3	I/3	II/3	III/3

Tabelle 2: Matrix für die Perspektivplanung (nach Schulz 1981, S. 39).

Die in dieser Matrix in horizontaler Richtung genannten Kategorien (Kompetenz, Autonomie, Solidarität) sollen dem Lehrer bei der Perspektivplanung helfen, für die geplanten Unterrichtseinheiten zu reflektieren, ob und inwieweit sie dazu beitragen können, dass Schüler in ihnen emanzipatorisch wirksame Hilfen erfahren können. In Verschränkung mit den in vertikaler Richtung aufgeführten möglichen Erfahrungsaspekten des Unterrichts (Sacherfahrung, Gefühlserfahrung, Sozialerfahrung) werden nicht nur die üblichen Zieldimensionen von Unterricht genannt, sondern Leitgedanken des gesamten didaktischen Denkens und Handelns angesprochen. Im Rahmen der Perspektivplanung sollten die Lehrer (wobei nach SCHULZ in diesen Reflexionsprozess grundsätzlich auch die Schüler und Eltern einbezogen werden können) mit Hilfe dieser Matrix versuchen, ihr didaktisches Handeln konsequent in den Erziehungsauftrag zur „größtmöglichen Verfügung aller Menschen über sich selbst“ (Schulz 1991, S.58) einzubetten. Die Prämissen, Interdependenzen und Funktionen der verschiedenen Kategorien und Felder der Matrix beschreibt SCHULZ folgendermaßen:

> „In dieser Matrix habe ich versucht, unter den Leitgedanken einer Erziehung zur größtmöglichen Verfügung aller Menschen über sich selbst, wie schon früher aufeinander zu beziehen die möglichen Absichten/Intentionen und die Erfahrungsfelder, aus denen die Inhalte/Themen kommen können, an denen die Absichten gegenständlich festgemacht werden. Beide Aspekte ergeben ja erst zusammen die Zieldimension.
> In den Intentionen eines Modells zum Lehren zur Freiheit kann es nicht liegen, nur Kompetenzen anzustreben, im Sinne des Inbegriffs aller Kenntnisse, Fähigkeiten und Fertigkeiten, die zur individuellen wie gesellschaftlichen Reproduktion erforderlich sind. Wichtig ist Kompetenz, insofern sie Autonomie ermöglicht, Selbstbestimmung nicht für sich auf Kosten anderer, sondern in Solidarität. In der wechselseitigen Ermöglichung und Einschränkung dieser Intentionen realisiert sich die Balance zwischen Sachbezug, Personenbezug und Gruppenbezug im Aspekt Intentionalität. Unter solchen Intentionen werden nicht nur Sacherfahrungen thematisiert, sondern ebenso Sozialerfahrungen und Gefühlserfahrungen. Nur dann kommt die Gesamtheit der Erfahrungen einer allseitigen Entfaltung der Person zugute.“ (Schulz 1991, S.58f.)

1.3.2.2 Umrissplanung

Die Umrissplanung bildet den eigentlichen Kern des Hamburger Modells. Deshalb soll diese Planungsebene im Folgenden etwas detaillierter und ausführlicher vorgestellt werden.

SCHULZ greift im Bereich der Umrissplanung zwar auf die vier Entscheidungsfelder des Berliner Modells (Intentionen, Themen, Methoden, Medien) zurück, übernimmt auch dessen Interdependenz-These, fügt diese Momente aber anders zusammen und setzt auch andere Akzente bezüglich des Umfelds didaktischen Handelns.

Nach seiner Auffassung ist didaktisches Handeln eingebettet in bestimmte politisch-gesellschaftlich-ökonomische Umstände, die sogenannten „Produktions- und Herrschaftsverhältnisse“, und außerdem eingelagert in „institutionelle Bedingungen“. In diesem Rahmen vollzieht sich das didaktische Handeln zwischen Lehrern und Schülern als Partner unterrichtsbezogener Planung. Als konstitutive Momente in diesem Feld nennt SCHULZ:

- Unterrichtsziele [UZ], d.h. Intentionen und Themen
- Ausgangslage von Lehrenden und Lernenden [AL]
- Vermittlungsvariablen [VV], d.h. Methoden und Medien sowie schulorganisatorische Hilfen
- Erfolgskontrollen [EK]

Den Zusammenhang dieser Elemente und Dimensionen veranschaulicht SCHULZ in folgender Grafik, durch die die Strukturmomente didaktischen Handelns in ihrem Implikationszusammenhang verdeutlicht werden sollen:

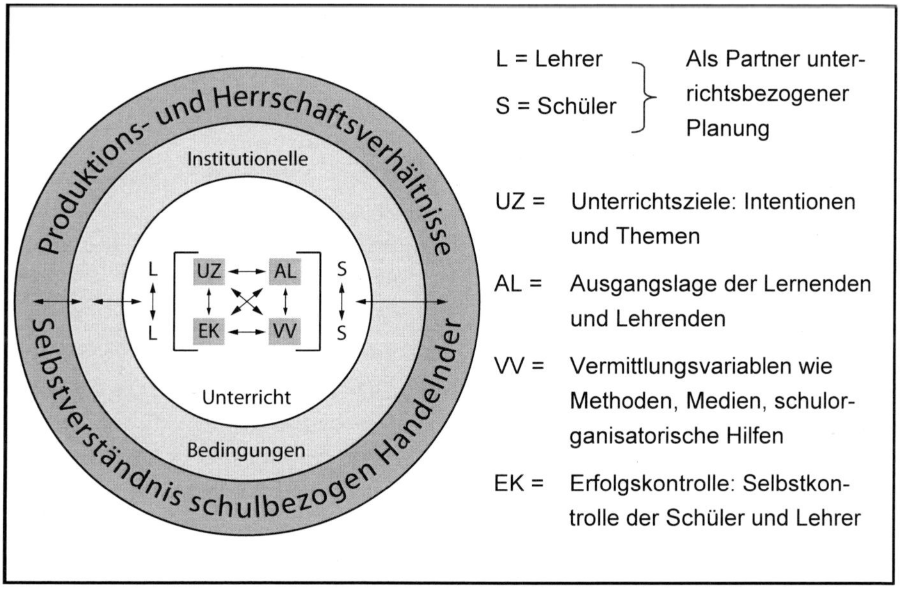

Abbildung 6: Modell der Strukturmomente didaktischen Handelns (nach Schulz 1991, S.66).

Wie man aus der Grafik erkennen kann, sind in dem „Modell der Strukturmomente didaktischen Handelns" im Kern die gleichen Variablen des didaktischen Feldes wiederzufinden, wie sie auch vom Lerntheoretischen Modell Berliner Prägung als Bedingungs- und Entscheidungsfelder formuliert wurden. Eingebettet wird der Kernbereich didaktischen Handelns jetzt allerdings in einen größeren Rahmen der Produktions- und Herrschaftsverhältnisse sowie der institutionellen Bedingungen.

Die sechs interdependenten Bedingungs- und Entscheidungsfelder des Berliner Modells werden von SCHULZ auf vier reduziert, neu geordnet und ergänzt.

Unterrichtsziele (UZ) als konstitutives Moment in diesem Feld basieren auf der Annahme, dass erst die Verbindung des intentionalen Aspekts mit dem inhaltlichen Aspekt eine für unterrichtliches Handeln hinreichende Zielvorstellung bildet. Absichten werden anhand von Gegenstandsbereichen verfolgt, Gegenstände werden erst unter intentionalen Gesichtspunkten zu Themen. Unterrichtsziele sind laut Hamburger Modell also inhaltlich konkret und im Hinblick auf die jeweilige Situation abzufassen und erhalten erst im Zusammenhang mit den übergeordneten Perspektiven (Förderung von Kompetenz, Autonomie und Solidarität) ihre spezifische Relevanz.

Hinsichtlich der *Ausgangslage (AL)* der Lernenden und Lehrenden als Moment planerischer Interaktion sind nach SCHULZ u.a. als Aspekte die Lernvoraussetzungen der Lehr-Lern-Gruppe und die lerngruppenspezifischen Sozialisationsprozesse zu berücksichtigen sowie das Prinzip der Interdependenz der einzelnen Strukturmomente auch in diesem Kontext zu beachten.

> „Fast überflüssig zu sagen, daß die Lehr-Lern-Gruppe auch die Erkundung ihrer Ausgangslage mit Gewinn für die Einübung der Verfügung über sich selbst zur Sache bewußter Auseinandersetzung jedes einzelnen mit sich, mit der Aufgabe, mit der Gruppe zu machen versucht. Nur akzentuierend, nicht streng analytisch, lässt sich die Behandlung der Ausgangslage in der planerischen Interaktion von anderen, etwa der Zielfrage, unterscheiden: Bei der Bestimmung von Handlungszielen denkt man die Ausgangslage, auf die man sich dabei mutmaßlich bezieht, schon mit. Dennoch: Erst nach einer genaueren Erhebung der Ausgangslage lassen sich Ziele verbindlicher festlegen.
>
> - Machen wir – als Lehr-Lern-Gruppe – uns zunächst klar, welche unmittelbaren (und gegebenenfalls mittelbaren) Lernvoraussetzungen wir, Schüler und helfende Lehrer mitbringen müssten, um zunächst formulierte Ziele erreichen zu können, bezogen auf die geplante Sacherfahrung, Sozialerfahrung, Gefühlserfahrung, auf Kompetenzförderung in Verbindung mit Ermutigung zu Autonomie und Solidarität im Rahmen der Aufgabenstellung.
> - Fragen wir uns dann, welche dieser Voraussetzungen bei allen als durch primäre Sozialisation oder Schule als gesichert angesehen werden können; welche sind durch zwischenzuschaltenden Unterricht noch erreichbar? – Welche Voraussetzungen sind bei Schülern oder Lehrern, anlage- oder altersbedingt, vor allem aber auf Grund schichtenspezifischer, regionaler, geschlechtsspezifischer Sozialisation und Qualifikation wahrscheinlich nicht durchgängig vorhanden?“ (Schulz 1991, S.72f.)

Im Hamburger Modell werden unter dem Begriff *„Vermittlungsvariablen“ (VV)* die Methoden und Medien als ein Komplex aufgefasst. Methoden und Medien haben nach WOLFGANG SCHULZ die Funktion, eine Vermittlung zwischen der Ausgangslage der Unterrichtsteilnehmer und den Unterrichtszielen sicher zu stellen. Den Anspruch des Hamburger Modells, nicht nur die Lehrer, sondern auch die Schüler als Bezugspunkt der didaktischen Theorie zu sehen, versucht SCHULZ dadurch einzulösen, dass er die Schüler nicht als „Objekte methodischer Professionalität“ sieht, sondern ihnen einen aktiven Part bei der Steuerung des eigenen Lehrprozesses zuschreibt.

„Schüler, die als Mitsteuerer ihres eigenen Lernprozesses bewußt über das methodische und mediale Repertoire verfügen, in Diskussion mit ihren Lehrern, nicht als Objekte methodischer Professionalität, sind Gradmesser der Ernsthaftigkeit der Zielperspektive Verfügung aller über sich selbst. Dazu gehört, dass Lehrer ihre Schüler in dieses Repertoire, dieses Arsenal einführen, und auch in die Implikationen, für die man sich mit der Wahl von Verfahren entscheidet." (Schulz 1991, S.74)

Die Prämisse des Hamburger Modells, Unterrichtsplanung als Interaktion handlungsfähiger Subjekte zu sehen, führt konsequenterweise auch zu einer Neubestimmung des Methoden-Begriffs. SCHULZ definiert das sprachliche Zeichen *Methoden* folgendermaßen:

„Ich verstehe darunter - in kritischer Abhebung vom Lehrmethodenbegriff - Muster kommunikativen Handelns im Unterricht, die häufig und bei verschiedenartigen Themen aktualisiert werden, für mehr als eine Lehr-Lern-Gruppe charakteristisch sind und Lernprozesse fördern sollen." (Schulz 1991, S.74)

In diesem Zusammenhang nennt SCHULZ drei Grundformen des Lehrens und Lernens:

- Projektorientierter Unterricht, der verstärkt durchgeführt werden sollte, „weil er zu nicht nur sachverständiger, sondern ebenso zu person- und gruppengerechter Problemlösung beiträgt." (Schulz 1991, S.75)
- Fachsystematisch gegliederte Abläufe in Lehrgängen, Kursen, Schulungssequenzen, damit die „Fragestellungen, Ergebnisse und Methoden der Wissenschaften, Techniken und Künste" als Systeme erfahren werden und für verschiedene Aufgaben aktualisiert werden können. (Schulz 1991, S.75)
- Diskurse, in denen die Voraussetzungen der Sachansprüche, Person- und Gruppenforderungen erörtert werden sollen.

Für diese drei Grundformen gilt – so SCHULZ –, dass sie durch „Handlungsphasen beim Projekt, Diskussionsphasen beim Diskurs und fachsystematisch gegliederte Abläufe" (Schulz 1991, S.75) eine Phasierung erhalten und in bestimmten Sozialformen realisiert werden. Den Sozialformen im Rahmen des Hamburger Modells weist SCHULZ folgende Funktion zu:

„Und deshalb wird die Lehr-Lern-Gruppe zu entscheiden haben, wann im Plenum (Frontalunterricht; Gesprächskreis), in kleinen Gruppen, in Partnerarbeit oder Einzeltätigkeit gelernt werden soll. Im Interesse eines aktiven Umgangs mit der Aufgabe, wachsender Lehrerunabhängigkeit, Kooperationsfähigkeit, individueller Entfaltung der Schüler – im Verständnis dieses Modells – sollten Formen des Plenums aus ihrer schulbeherrschenden Rolle verdrängt werden.“ (Schulz 1991, S.75)

Die *Medien* des Unterrichts heben sich nach SCHULZ von den Methoden gewissermaßen als deren objektive Seite ab. Medien können einfach Hilfsmittel der Verständigung über Intentionen und Themen, Ausgangslagen und Erfolgskontrollen, über Bedingungen und Methoden des Vorgehens sein oder auch selbst zum Thema des Unterrichts gemacht werden. SCHULZ plädiert im Sinne seines didaktischen Modells dafür, „Medien der Selbstunterrichtung wie Nachschlagewerke, Medien der aktiven Produktion (...), Medien zur kooperativen Problemlösung und zur Selbstkontrolle [zu] bevorzugen.“ (Schulz 1991, S.77) Insbesondere audiovisuelle Medien sollten nicht nur rezeptiv, sondern – z.B. in Handlungsphasen bei Projekten – produktiv genutzt werden, um z.B. Multimediaprodukte oder Videofilme zu erstellen.

Erfolgskontrollen (EK) haben im Rahmen dieses didaktischen Modells eine hohe Relevanz, weil sie für die Lehr-Lern-Gruppe eine Rückkopplung und Selbstkorrektur auf dem geplanten Weg ermöglichen.

„Unmittelbar wichtig ist für die Lehr-Lern-Gruppe eine Erfolgskontrolle, die

- die Ausgangslage der Gruppe festhält, um den eigenen Lernfortschritt an ihr messen zu können,
- Zwischenergebnisse erhebt, die zur Selbstkorrektur rückgemeldet und verarbeitet werden,
- Endergebnisse mit dem Anfang vergleicht.“ (Schulz 1991, S.77)

Schüler und Lehrer brauchen in diesem Modell beide, wenn auch mit unterschiedlicher Akzentuierung, eine Kontrolle des Lernfortschritts und der Lerneffektivität. Erfolgskontrollen im Sinne einer Feststellung der Entwicklungen und Zustände der Lehr-Lern-Gruppe werden von SCHULZ als notwendig angesehen, während eine Bewertung in Form von Zensuren von ihm weitgehend abgelehnt wird.

„Sie [Schüler und Lehrer] brauchen vor allem die Feststellung der Entwicklungen und ihrer mutmaßlichen Gründe, kaum die Bewertung der Zustände, etwa in außenwirksamen Zensuren. Der Zwang zur außenwirksamen klassifizierenden Zensur stellt eine dauerhafte Gefährdung des Vertrauensverhältnisses zwischen Lehrern und Schülern dar, der pädagogisch nicht gerechtfertigt werden, nur in seiner politischen Funktion gemeinsam kritisch aufgearbeitet werden kann." (Schulz 1991, S.77)

1.3.2.3 Prozessplanung

In der Prozessplanung wird im Sinne einer Transformation, d.h. einer – wie SCHULZ es formuliert – „Überführung der Möglichkeiten des Handelns, die sich in der Umrissplanung unter planungsleitenden Perspektiven ergeben haben" (Schulz 1981, S.162), ein Entwurf des konkreten Handlungsablaufs konzipiert.

Auf der Basis der Umrissplanung werden also in der Prozessplanung konkretere und präzisere Überlegungen zum Verlauf des kurz bevorstehenden Unterrichts nötig. Die in der bisherigen Planung erst grob formulierten Zielvorstellungen werden in einzelne Teillernziele ausdifferenziert und ihnen werden Lernhilfen zugeordnet (Verfahren, Mittel usw.), die zum Erreichen dieser Lernziele nötig sind.

Nach SCHULZ ist es bei dieser Konkretisierung wünschenswert und nötig, Alternativen bzw. Planungsvarianten bei den einzelnen Lehr-Lern-Schritten bereits in der Planung vorzusehen.

Aufgrund dieser Prämissen und Überlegungen schlägt SCHULZ folgendes Schema für die Detailplanung vor (Schulz 1981, S.167f.):

Geschätzter Zeitaufwand	Lehr-Lern-Ziele (Teilziele) in zeitlicher Reihenfolge	Bereitgestellte Lernhilfen und geplante Lernkontrollen	Alternativen / Planungsvarianten

Tabelle 3: Schema für die Detailplanung (nach Schulz 1981, S.167f.).

1.3.2.4 Planungskorrekturen

Die Planungskorrekturen sind eigentlich schon allen drei vorherigen Planungsebenen immanent, sie vollziehen sich jedoch konkret erst in der jeweiligen Unterrichtssituation.

Es handelt sich also um Planungskorrekturen während des Unterrichtsprozesses, wenn unerwartete Abläufe in der unterrichtlichen Interaktion dies erforderlich erscheinen lassen.

Entsprechend den Leitgedanken des Hamburger Modells, dass in Anlehnung an die Themenzentrierte Interaktion eine Balance zwischen Sachansprüchen, Personenansprüchen und Gruppenansprüchen (Es, Ich und Wir) herzustellen sei, macht SCHULZ in diesem Kontext nochmals deutlich, dass auch bei den Planungskorrekturen nicht nur Lehrer, sondern auch Schüler als prinzipiell handlungsfähige Subjekte in der unterrichtlichen Interaktion anzusehen seien.

> „Selbst wenn Lehrer und Schüler aus ihrer Situation heraus, in Rücksicht auf ihre Handlungsbedingungen, geplant haben, gibt es Anlässe zu Planungskorrekturen während der unterrichtlichen Interaktion. Das hier skizzierte Modell setzt geradezu voraus, daß dies geschehen muss, weil es mit den Wechselwirkungen von Es, Ich und Wir bei der Interaktion prinzipiell handlungsfähiger Subjekte rechnet. Es nötigt alle Gruppenmitglieder, auch ihre spontanen Änderungswünsche diskursiv zu legitimieren." (Schulz 1991, S.79f.)

Bitte nutzen Sie nun das Lernprogramm auf der DVD!

1.4 Kritisch-konstruktive Didaktik

Ende der 1970er Jahre begann WOLFGANG KLAFKI die Weiterentwicklung und Umarbeitung seiner Bildungstheoretischen Didaktik zum Kritisch-konstruktiven Modell. Er reagierte damit nicht nur auf die von PAUL HEIMANN im Umfeld der Lerntheoretischen Didaktik aufgeworfene Kritik an seinen Vorstellungen, sondern vor allem auch auf die Weiterentwicklungen in den Bereichen der empirischen und sozialwissenschaftlichen Disziplinen.

Die Kritisch-konstruktive Didaktik wurde erstmals 1985 unter dem Titel *Neue Studien zur Bildungstheoretischen Didaktik: zeitgemäße Allgemeinbildung und kritisch-konstruktive Didaktik* vorgestellt, 1991 in der zweiten und 1994 in der vierten Auflage überarbeitet und erweitert, seit der fünften Auflage 1996 ist das Modell dann unverändert erschienen.

Die Weiterentwicklung – so betont KLAFKI selbst – geschieht vor allem in zweierlei Hinsicht: zum einen vertritt auch die Kritisch-konstruktive Didaktik weiterhin einen bildungstheoretischen Ansatz, zum anderen orientiert sich das Modell aber nicht mehr nur am historisch-hermeneutischen Prinzip des geisteswissenschaftlichen Paradigmas, sondern vollzieht außerdem eine Hinwendung zu empirischen und gesellschaftskritisch-ideologiekritischen Ansätzen der Pädagogik.

Kritisch nennt KLAFKI sein Modell, weil es dazu dienen soll, Bildungsvorgänge und Bildungsinstitutionen permanent zu reformieren, damit alle Lernenden in einer ganz bewusst betriebenen gesamtgesellschaftlichen Demokratisierungsbewegung Bildung erlangen können. Stellen sich dem in der Wirklichkeit Hindernisse entgegen, müssen sie kritisch aufgegriffen und durch geeignete Lehr- und Lernprozesse überwunden werden. (Vgl. Klafki 1996, S.89/90)

Konstruktiv nennt KLAFKI sein Modell im Sinne eines von ihm eingeforderten durchgehenden Praxisbezuges aller didaktischen Theoriebildung:

> „Dieser Theorie-Praxis-Bezug besteht aber nicht nur, wie im vorwaltenden Selbstverständnis der Geisteswissenschaftlichen Didaktik, in der Aufklärung des Praktikerbewußtseins über Voraussetzungen, Möglichkeiten und Grenzen des pädagogischen Handelns, sondern er schließt Vorgriffe der Theorie, Modellentwürfe für eine mögliche Praxis, begründete Konzepte für eine veränderte Praxis, für eine humanere und demokratischere Schule und einen entsprechenden Unterricht ein..." (Klafki 1996, S.90)

Mit diesem Hinweis ist zugleich ein Schwerpunkt der Kritisch-konstruktiven Didaktik markiert: die im Sinne dieses Modells Handelnden sollen sich nicht wie vormals darauf konzentrieren, tradierte, bewährte oder institutionell gesetzte Inhalte und Prinzipien auf deren Bildungskraft hin zu prüfen und umzusetzen, sondern sie sollen im ständigen Aktions- und Reflexionsprozess die Institution Schule und die in ihr initiierten Bildungsvorgänge in ihrer gesellschaftlichen Relevanz hinterfragen und weiterentwickeln.

Damit unternimmt KLAFKI den Versuch, in der Kritisch-konstruktiven Didaktik drei methodische Grundprinzipien „im Sinne einer konstruktiven Synthese" (Klafki 1996, S.98) zu verankern: das historisch-hermeneutische, das empirische und das gesellschaftskritisch-ideologiekritische. Er begründet dies vor allem mit dem Hinweis auf deren Interdependenz.

Historisch-hermeneutisch muss das Modell sein, damit im pädagogischen Feld Konsens gebildet werden kann über das, was in Lehr-/Lernvorgängen sinnhaft vermittelt werden kann.

> „Demgemäß ist es zentrale Aufgabe der Didaktik, mit wissenschaftlichen Methoden den Sinn didaktischer Entscheidungen, Entwicklungen, Diskussionen, Einrichtungen, die darin oft verborgenen historischen Momente, Zukunftsvorstellungen und philosophischen Implikationen herauszuarbeiten, sie intersubjektiv überprüfbar und diskutierbar zu machen und eben damit den didaktisch Handelnden und Entscheidenden – also z.B. den Curriculumplanern und den Lehrern, aber auch den Schülern – dabei zu helfen, sich bewußt zu machen, was sie eigentlich tun, worüber und unter welchen historischen Bedingungen sie entscheiden und handeln, was eigentlich in ihren und hinter ihren Entscheidungen, Überlegungen, Handlungen steckt." (Klafki 1996, S.100)

Dies geschieht zum einen dadurch, dass sich die Beteiligten reflektierend in Bezug setzen können zur Herkunft und Relevanz der Bildungsinhalte – ganz ähnlich hatte dies ja auch die Bildungstheoretische Didaktik gefordert. Zum anderen geht es KLAFKI aber nunmehr auch um die „Erforschung der jeweils gegenwärtigen didaktischen Wirklichkeit" (Klafki 1996, S.100), womit er die Berücksichtigung erziehungswissenschaftlich fundierter und sozialwissenschaftlich erforschter Aspekte wie Lehrer- und Schülersprache, außerschulische Lebenswelten, Subkulturen im Lehr-/ Lernzusammenhang einfordert. Solche Erkenntnisse seien unabdingbar, wenn man die Intention verfolge, „Möglichkeiten didaktischer Hilfen zum Aufbau von Selbstidentität, sozialer Beziehungs- und Behauptungsfähigkeit, Handlungs- und Verantwortungsfähigkeit zu entwerfen, aber auch die Grenzen solcher Angebote zunehmend realistischer einzuschätzen." (Klafki 1996, S.101)

Besonders angesichts dieser Grenzen muss das Modell – so KLAFKI – dem *empirischen* Prinzip folgen. Er stellt heraus, dass die bloße Annahme darüber, wie Lehrende und Lernende im Unterricht miteinander umgehen sollten, keinesfalls als Begründungszusammenhang didaktischer Entscheidungen genügt, vielmehr muss über das empirische Prinzip, etwa in Form von „Fragebogenerhebungen, Interviewverfahren, die Durchführung von Feldexperimenten, von systematischen Unterrichtsbeobachtungen" (Klafki 1996, S.103) auch mit statistischer Relevanz versucht werden, den Bedürfnissen der Lernenden zu entsprechen.

Entschieden spricht er sich jedoch dafür aus, die Interdependenz beider Prinzipien zu beachten, denn die so erhobenen Daten müssen zurückgeführt werden auf ihren didaktischen oder pädagogischen Zusammenhang:

> „Wenn ein Empiriker seine eigenen Fragestellungen rational aufklären, begründen will, dann treibt er – ob er sich nun darüber im klaren ist oder nicht – im Grunde Hermeneutik, d.h. rational interpretierende, sinnauslegende Klärung seines Vorverständnisses. Andernfalls weiß er überhaupt nicht, was er als empirischer Forscher eigentlich tut." (Klafki 1996, S.105)

Zum dritten müsse das Kritisch-konstruktive Modell *gesellschaftskritisch-ideologiekritisch* ausgelegt sein, denn man habe folgende Tatsache zu berücksichtigen:

> „Jede didaktische Einrichtung und jedes didaktische Dokument hat bestimmte gesellschaftliche Voraussetzungen und bestimmte gesellschaftliche Folgen, die untersucht werden müssen, wenn ihr Sinn, ihre Bedeutung verstanden werden sollen." (Klafki 1996, S.114)

Dies ist einerseits aufzufassen als Hinweis auf die stets im geforderten Demokratisierungsprozess unerlässliche Legitimierung und Begründung didaktischer Maßnahmen, andererseits warnt KLAFKI so davor, unreflektiert ideologisch verbrämte, interessengebundene oder sogar problematische Vorstellungen durch Lehr-/ Lernprozesse weiterzugeben. Der von KLAFKI hier bemühte Ideologiebegriff impliziert dabei vor allem die intendierte Bewahrung Heranwachsender vor der Übernahme *falscher* Ideologien, wie etwa fragwürdiger Rollenbilder, harmonisierender Darstellungen der Wirklichkeit oder Idealisierungen jedweder Art, die Kindern und Jugendlichen eine eigene Sichtweise unmöglich machen. Schließlich sei – so die Argumentation – konsequenterweise das historisch-hermeneutische Prinzip erst in gewisser Weise vollständig in der Kritisch-konstruktiven Didaktik umgesetzt, wenn es sich ideologiekritischen Überlegungen auch zugewendet habe.

1.4.1 Der Bildungsbegriff des Modells

Natürlich leitet sich aus einem so entwickelten Modell auch eine Revision des Bildungsbegriffes ab. Die Kritisch-konstruktive Didaktik beansprucht dabei nicht eine Abkehr vom Begriff selbst, sondern sie bestätigt ganz im Gegenteil dessen Relevanz. Ein Bildungsbegriff ist für KLAFKI vor allem als Grundkategorie unverzichtbar, da nur so eine Orientierungs- und Legitimationsplattform geschaffen wird, ohne die alle pädagogischen Einzelmaßnahmen „in ein unverbundenes Nebeneinander oder gar Gegeneinander“ (Klafki 1996. S.44) gerieten.

Ein solches Fundament leitet das Modell historisch her, nicht ohne Rekurs auf klassische Bildungstheorien, jedoch auch nicht ohne Hinweis auf damit einhergegangene Deformationen. Vor allem wird festgestellt, dass in den klassischen Entwürfen der Zusammenhang zwischen pädagogischen und politischen Fragen vernachlässigt wurde, denn „Bildungsfragen sind Gesellschaftsfragen“ (Klafki 1996, S.49). Ziel einer so neu aufzufassenden Bildung sind drei Grundfähigkeiten:

- *Selbstbestimmungsfähigkeit* als Vermögen, über sich und seine individuellen Bezüge in allen Bereichen des Lebens zu entscheiden.
- *Mitbestimmungsfähigkeit* als Vermögen, verantwortungsvoll an der Gestaltung des gesellschaftlichen Gesamtzusammenhanges teilzunehmen.
- *Solidaritätsfähigkeit* als Vermögen, mit anderen und für andere ein Gleiches zu gewährleisten. (Vgl. Klafki 1996, S.52)

So begründet entwickelt KLAFKI den schon in der Bildungstheoretischen Didaktik zentralen Begriff der Allgemeinbildung weiter, die sich als „Bildung in allen Grunddimensionen menschlicher Interessen und Fähigkeiten“ (Klafki 1996, S.54) ausprägt, als vielseitige Bildung

- „des lustvollen und verantwortlichen Umgangs mit dem eigenen Leib,
- der kognitiven Möglichkeiten,
- der handwerklich- technischen und der hauswirtschaftlichen Produktivität,
- der Ausbildung zwischenmenschlicher Beziehungsmöglichkeiten, m.a.W. der Sozialität des Menschen,
- der ästhetischen Wahrnehmungs-, Gestaltungs- und Urteilsfähigkeit,
- schließlich und nicht zuletzt der ethischen und politischen Entscheidungs- und Handlungsfähigkeit.“ (Klafki 1996, S.54)

In dieser Hinsicht ist Allgemeinbildung bestimmt als

- *Bildung für alle* im Sinne demokratischer Gleichgewichtung als Grundlage individueller Selbstbestimmungsfähigkeit.
- *Bildung im Medium des Allgemeinen* im Sinne solcher Fragestellungen, die alle Menschen gemeinsam angehen und die im diskursiven Konsens als relevant für deren Gegenwartsbewältigung und Zukunftsgestaltung anerkannt werden können. (Vgl. Klafki 1996, S.53)

Zur inhaltlichen Ausgestaltung der Allgemeinbildung empfiehlt die Kritisch-konstruktive Didaktik die Fokussierung auf „epochaltypische Schlüsselprobleme“ (Klafki 1996, S.56). Diesen Begriff hat Klafki sukzessive durch die verschiedenen Auflagen seines Werkes entwickelt.

> Ein epochaltypisches Schlüsselproblem ist grundsätzlich dadurch gekennzeichnet, dass die Auseinandersetzung mit ihm „ein geschichtlich vermitteltes Bewußtsein von zentralen Problemen und – soweit voraussehbar – der Zukunft“ (Klafki 1996, S.56) nach sich zieht.

Wiederholt nennt Klafki solche Schlüsselprobleme und betont, dass deren Relevanz stets neu zu prüfen sei: weder komme es darauf an, jedes aktuelle Phänomen vordergründig als epochaltypisch aufzufassen, noch sei die Zahl der Schlüsselprobleme beliebig erweiterbar. Ziel aller Bemühungen müsse es vielmehr sein, „einen in die Zukunft hinein wandelbaren Problemkanon“ (Klafki 1996, S.59/60) zu schaffen, wobei es sich um Problemstellungen „von gesamtgesellschaftlicher, meistens sogar übernationaler bzw. weltumspannender Bedeutung handelt, die gleichwohl jeden einzelnen zentral betreffen.“ (Klafki 1996, S.60)

Von den zahlreichen Beispielen für Schlüsselprobleme, die Klafki verschiedentlich gibt, seien hier nur zwei zitiert:

> „Als erstes Schlüsselproblem nenne ich die Friedensfrage angesichts der ungeheuren Vernichtungspotentiale der ABC- Waffen.... Friedenserziehung wird also als kritische Bewußtseinsbildung und als Anbahnung entsprechender Entscheidungs- und Handlungsfähigkeit eine langfristige pädagogische Aufgabe bleiben.“ (Klafki 1996, S.56/57)
> „Ein zweites Schlüsselproblem ist die Umweltfrage, d.h., die in globalem Maßstab zu durchdenkende Frage nach Zerstörung oder Erhaltung der natürlichen Grundla-

gen menschlicher Existenz und damit nach der Verantwortbarkeit und Kontrollierbarkeit der wissenschaftlich- technologischen Entwicklung.“ (Klafki 1996, S.58)

> Die Auseinandersetzung mit den Schlüsselproblemen soll gemäß der Kritisch-konstruktiven Didaktik methodisch solchen Prinzipien folgen, die eine vertiefte Bearbeitung überhaupt erst ermöglichen: nicht der Lehrgangsunterricht im Rhythmus von je 45 Minuten ist hier gefordert, sondern der Epochalunterricht mit einer täglich mindestens zweistündigen Phase.

Außerdem werden das exemplarische Lernen, fächerübergreifender Unterricht, die Projektform, Exkursionen und Praktika, Methodentraining und handlungsorientierter Unterricht favorisiert. Ferner gelte es, den Lehrenden überschaubare Lerngruppen einzurichten und entsprechende pädagogische Gestaltungsspielräume zu schaffen, damit nicht einseitig nur kognitive, sondern auch affektive und soziale Dimensionen den Lehr-/Lernprozess ausmachen können. Nur so kann – so KLAFKI – der Anspruch einer vielseitigen Bildung erfüllt werden, die Kritikbereitschaft und -fähigkeit, Argumentationsbereitschaft und -fähigkeit sowie Empathiefähigkeit und die Fähigkeit zum vernetzten Denken ermöglichen soll. (Vgl. Klafki 1996, S.62-64)

1.4.2 Das Perspektivschema der Unterrichtsplanung

Um in der unterrichtlichen Praxis im Sinne des Modells agieren zu können, wird – wie schon in der Bildungstheoretischen Didaktik – ein Planungsraster vorgelegt, das Anhaltspunkte zur Umsetzung liefert.

KLAFKI weist darauf hin, dass das Perspektivschema nur zur Erarbeitung offener, (gegebenenfalls) revidierbarer Entwürfe dienen soll, die es den Lehrpersonen ermöglichen, „alle wesentlichen Dimensionen des Unterrichts und ihre Beziehungen“ (Klafki 1996, S.269) zu durchdenken und im Unterricht flexibel zu handeln. Keinesfalls dürfe das Schema quasi als Rezept zur Herstellung gelingenden Unterrichts aufgefasst werden.

Das Schema gliedert sich in einen bedingungsanalytischen Teil und sieben Problemkomplexe, die dazwischen sichtbaren Pfeile markieren Dependenzen und Interdependenzen. Eine schematische Trennung der einzelnen Komplexe ist nicht intendiert, ebenso ist keine spezifische Reihenfolge festgelegt, die bei der Unterrichtsplanung durchlaufen werden müsste.

Im Zuge der Unterrichtsplanung soll man versuchen, die mit den sieben Problemkomplexen verbundenen Fragen zu beantworten, um so zu der oben beschriebenen offenen Herangehensweise zu gelangen, die den Eventualitäten der konkreten Unterrichtspraxis flexibel begegnen kann. Nicht zuletzt deswegen trägt die folgende Abbildung den Titel „(Vorläufiges) Perspektivschema zur Unterrichtsplanung“:

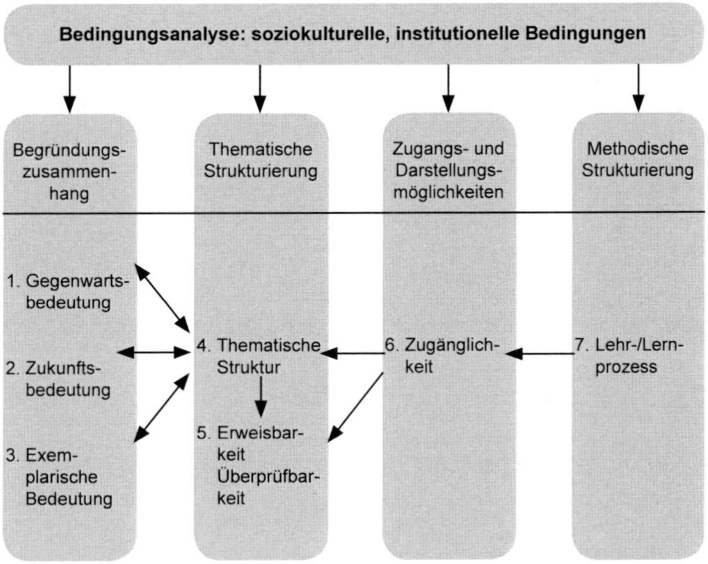

Abbildung 7: (Vorläufiges) Perspektivschema zur Unterrichtsplanung (nach Klafki 1996, S.272).

Im Sinne der Berliner Didaktik, auf die das Kritisch-konstruktive Modell explizit verweist (Klafki 1996, S.270), soll in der Bedingungsanalyse durchdacht werden, welche konkret relevanten soziokulturellen und schulorganisatorisch-institutionellen Ausgangsbedingungen in der Lerngruppe berücksichtigt werden müssen. Auch zu erwartende Schwierigkeiten und Störungen sollen zumindest ansatzweise antizipiert werden.

Die Fragen 1-3 richten sich auf den bildungstheoretisch orientierten Begründungszusammenhang für die Themenwahl: so geht es bei der *Gegenwartsbedeutung* darum – unter Rekurs auf die Bedingungsanalyse – nachzufragen, welche „von Kindern erfahrenen und praktizierten Sinnbeziehungen und Bedeutungssetzungen in ihrer Alltagswelt“ (Klafki 1996, S.273) auszumachen sind; dabei müssen jedoch kognitive, emotionale und handlungsbezogene Optionen als individuell und heterogen verstanden werden.

In diesem Sinne ist auch der Problemkomplex der erwarteten *Zukunftsbedeutung* anzugehen: konzediert werden muss hier nicht nur der Aspekt der Heterogenität der Lerngruppe, sondern auch die Frage nach der Diskrepanz bezüglich der Bedeutungszumessungen zwischen Lehrperson und Lerngruppe.

Schließlich ist mit der Frage nach der *exemplarischen Bedeutung* zu klären, warum das in Planung stehende Thema relevant und legitim sein sollte:

> „Am potentiellen Thema müssen sich allgemeinere Zusammenhänge, Beziehungen, Gesetzmäßigkeiten, Strukturen, Widersprüche, Handlungsmöglichkeiten erarbeiten lassen." (Klafki 1996, S.275)

Die Fragen 4 und 5 fokussieren die thematische Strukturierung des Unterrichts. Die Frage 4 untergliedert sich im Modell in insgesamt sieben Unterfragen, die zum Teil auf die Grundfragen der Didaktischen Analyse der Bildungstheoretischen Didaktik zurückverweisen.

Gefragt wird:

- Unter welchen Perspektiven soll das Thema bearbeitet werden?
- Welches ist die immanent-methodische Struktur der jeweils perspektivisch gefassten Thematik?
- Welche Momente konstituieren die Thematik, jeweils unter bestimmten Perspektiven?
- In welchem Zusammenhang stehen die ermittelten Momente zueinander?
- Weist die Thematik eine innere Struktur auf?
- In welchem größeren Zusammenhang steht die Thematik?
- Welches sind die notwendigen begrifflichen, kategorialen Voraussetzungen zur Bewältigung des Themas? (Vgl. Klafki 1996, S.280)

Die intendierten Ergebnisse werden als Lernziele (Frage 5) formuliert und geordnet, wobei zu berücksichtigen bleibt, dass dazu verschiedene taxonomische Varianten existieren.

Die Frage 6 thematisiert Anschaulichkeitsüberlegungen: Wie können die Lernenden – wiederum unter Bezug auf die Bedingungsanalyse und vor allem gegebenenfalls binnendifferenzierend – Zugang zur Thematik gewinnen? Welche institutionellen Rahmenbedingungen sind von Bedeutung?

Frage 7 schließlich soll klären, wie die Unterrichtsvorgänge methodisch verlaufen sollen. KLAFKI betont hier vor allem die Notwendigkeit, nicht nur einzelne Momente des Unterrichtsverlaufes in Betracht zu ziehen, sondern grundsätzlich dazu alternative Möglichkeiten zu entwerfen.

Insgesamt stellt also die Kritisch-konstruktive Didaktik eine umfassende Weiterentwicklung der Bildungstheoretischen Didaktik dar: KLAFKI hat seinen Bildungsbegriff erweitert, die Zielsetzungsfrage konkretisiert und sich vor allem – denn das wurde an der Bildungstheoretischen Didaktik kritisiert – intensiver mit methodischen Fragen auseinandergesetzt. Die folgende Übersicht soll die Bezüge und Veränderungen zusammenfassen:

	KLAFKI (1963)	**KLAFKI (1985-1996)**
Bildungsbegriff	• Kategoriale Bildung: Phänomen der Einheit aus materialen und formalen Elementen	• Allgemeinbildung als Bildung für alle im Medium des Allgemeinen • Konzentration auf epochaltypische Schlüsselprobleme: • Wandelbarer Kanon im diskursiven Konsens
Zielsetzung	• Bildung als doppelseitige Erschlossenheit des Individuums • Verantwortungsbereitschaft und -fähigkeit	• Allgemeinbildung als • Befähigung zur ständigen kritischen Selbsthinterfragung und Bereitschaft zur Offenheit • Verfügbarkeit von Grundkategorien • Fähigkeit zur selbständigen Informationsbeschaffung • Selbstbestimmung, Mitbestimmung, Solidaritätsfähigkeit
Didaktische Prinzipien	• Exemplarizität • Historizität • Gegenwartsbedeutung • Bildungs*inhalt* und • Bildungs*gehalt*	• Problemunterricht über Schlüsselprobleme (an Exempla) • Methodenorientiertes Lernen • Handlungsorientierter Unterricht • Verbund von sachbezogenem und sozialem Lernen
Unterrichtsgestaltung	• Didaktische Analyse (5 Grundfragen) Methodische Entscheidungen daraus ableitbar	• Perspektivschema der Unterrichtsplanung

Tabelle 4: Die Bezüge und Veränderungen der kritisch-konstruktiven Didaktik in der Übersicht.

Nicht zuletzt verdeutlicht diese Übersicht außerdem, dass KLAFKI in der Revision bzw. in der Neufassung der Bildungstheoretischen Didaktik die Kritik der Lerntheoretischen Didaktik an seinem ursprünglichen Entwurf aufgegriffen hat. Mehr noch, betrachtet man heute die ehemals konträren Entwürfe, stellt man fest, dass es über ihre jeweiligen Weiterentwicklungen – Hamburger Modell und Kritisch-konstruktive Didaktik – zu Annäherungen gekommen ist, insbesondere in Hinsicht auf Ziel- und Methodenfragen.

Bitte nutzen Sie nun das Lernprogramm auf der DVD!

1.5 Konstruktivistische Didaktik

Die Konstruktivistische Didaktik wird in diesem Lehrbuch präsentiert als Exkurskapitel, und zwar aus folgenden Gründen: sie ist in ihrer Modellbildung noch begriffen und wird demzufolge derzeit viel diskutiert, ihr Weg in die hier zusammengetragenen *Konventionen* von Unterrichtsvorbereitung und Stundenplanung ist aber noch im Fluss. Sie liefert gleichzeitig aber so viele neue Anregungen für Lehrende und Lernende, dass wir unsere Leser mit den Grundzügen bekannt machen möchten: die Bemühungen um Weiterentwicklung und Verbesserung von Lehr-/ Lernvorgängen bleiben stets in Bewegung, dem trägt dieser Exkurs Rechnung. Deshalb erscheint dieses Didaktik-Modell zunächst nur unter der Kapitelüberschrift „Was muss ich wissen?“, um neue Sichtweisen vorzustellen.

Die Konstruktivistische Didaktik – in Deutschland befördert durch KERSTEN REICH – entwickelt ihre Modellstruktur ab den 1990er Jahren. Eigen ist ihr sowohl ein spezifischer Bildungs- als auch ein Lernbegriff; außerdem definiert sie – wie jedes didaktische Modell – den Begriff der Didaktik selbst neu als *Beziehungsdidaktik*. Im Zentrum Konstruktivistischer Didaktik steht dabei weder die Frage nach bildungsbedeutsamen Inhalten (wie etwa in der Bildungstheoretischen Didaktik) noch die nach optimal gestalteten Lernprozessen (wie in der Lerntheoretischen Didaktik), sondern *die nach dem je Lernenden selbst und seinen Verständigungsmöglichkeiten mit anderen.*

1.5.1 Wissenschaftstheoretische Grundannahmen

In kritischer Auseinandersetzung mit den traditionellen Didaktiken nach 1945 betont KERSTEN REICH zwei zentrale Aspekte: zum einen macht er eine einseitige Orientierung auf *Inhaltsfragen und einen erstarrten Bildungsbegriff* aus. Daraus resultiere zum anderen eine *schematische Umsetzung*, besonders in der Lehrerbildung, so dass paradoxerweise gerade durch erfolgreiche Rezeptologie Stagnation eingetreten sei.

Ausgehend von dieser Feststellung sucht REICH nach Ansätzen, die in seinem Modell fungieren können als „wichtige Impulsgeber eines Verständnisses des Lehrens und Lernens, das die aktive Seite des Lernprozesses betont, das einen Begriff des Wissens benutzt, der stets auf die Vermittlung mit Handlungen verweist, das eine grundsätzliche Spannung zwischen Subjekt und Objekt annimmt, ohne ein dualistisches Weltbild einer Abbildung von ‚draußen' nach ‚drinnen' aufzubauen.“ (Reich 2008, S.73)

Solche Bezüge sind – so REICH – zu finden in JOHN DEWEYs pragmatischem Ansatz der Pädagogik, in JEAN PIAGETs konstruktiver Psychologie und LEW S. WYGOTSKIs sozial-kulturell ausgerichteter Lerntheorie.

Von DEWEY übernimmt REICH die Vorstellung, dass die menschliche Erfahrung im Handlungszusammenhang Erkenntnis aufbaut, wodurch „Wissen aufgebaut und interaktiv durch ein untersuchendes, neugieriges, experimentierendes Verhalten konstruiert wird." (Reich 2008, S.71)

JEAN PIAGET liefert REICH Forschungsergebnisse zu den Entwicklungsstufen, die „ein Lerner nach und nach durchläuft, um seine konstruktiven Lernfähigkeiten in handelnder, aktiver Auseinandersetzung mit der Umwelt zu regulieren und zu optimieren." (Reich 2008, S.72)

LEW S. WYGOTSKIs Annahme, dass Wissenserwerb stets im sozialisatorischen Zusammenhang geschehe, legt REICH in transformierter Form aus: nur dann, wenn Sozialisation in einem pluralistischen Kontext (auch) differierender Perspektiven als Movens anzusehen wäre, käme diesem Ansatz Relevanz im Sinne der Konstruktivistischen Didaktik zu.

Das paradigmatische Fundament des Modells liegt gemäß der Namensgebung im Konstruktivismus, den REICH jedoch in seiner Ansatzvielfalt differenziert betrachtet, um nur bestimmte Elemente für den didaktischen Argumentationszusammenhang heranzuziehen. Ausgehend von der Feststellung, dass die Konstruktivistische Didaktik ebenfalls eine Konstruktion, nämlich die REICHs sei, bleibe offen, wie plausibel und viabel sie der Leserschaft erscheine, denn es werde kein Anspruch auf Vollständigkeit und Letztgültigkeit erhoben.

> „Ich suche eine Didaktik auf Zeit, die zu mir und den Leser/innen passen soll. Ich stelle Aussagen, Behauptungen, Soll-Forderungen, Wünsche, Zweifel auf, aber nur die Leserin bzw. der Leser wird für sich beantworten können, was zu ihm passt und was keine Wirkung zeigt oder Kritik hervorruft." (Reich 2008, S.10)

Aus diesem Grund präferiert das Modell in den vorfindlichen Konstruktivismen solche, die sozial-kulturell und interaktiv-systemisch ausgerichtet sind. Dadurch soll vor allem die fundamentale Kritik an der oben erwähnten einseitigen Inhaltsorientierung umgesetzt werden. Die Konstruktivistische Didaktik gibt der (auch interdisziplinären) Beziehungsorientierung den Vorrang:

> „Beziehungen bilden den Rahmen und Kontext jeglicher Inhaltsvermittlungen, dies haben kommunikative Beobachtungen in der gegenwärtigen Lebenswelt erkennen lassen. Beziehungen der Lerner und Lehrer zeigen das innere Begehren ebenso wie die Anerkennungssuche, die durch den interaktiven Bezug zwischen lernenden und lehrenden Individuen hergestellt werden. In der menschlichen Kommunikation

wirken sich Beziehungen bestimmend auf gelingende und misslingende Aktionen, auf gelingendes oder gestört erscheinendes Verhalten aus. In der Kultur bestimmen Beziehungen als Kontext jegliches Inhalts-lernen. Insofern gibt es einen Primat der Beziehungen vor den Inhalten. Es sind stets beziehungsmäßige Kontexte zu schaffen, die das Lernen erleichtern, nicht solche, die es erschweren." (Reich 2008, S.83)

1.5.2 Die Prinzipien

Die Kernannahmen sind folgende:

- Konstruktivistische Didaktik sieht Lehrende und Lernende gleichermaßen als Didaktiker.
- Konstruktivistische Didaktik konzediert die prinzipielle Offenheit allen Wissens und nutzt die daraus resultierende Vielfalt möglicher Lernwege.
- Konstruktivistische Didaktik versteht sich als Beziehungsdidaktik und betont als solche die Relevanz der dialogischen und kommunikativen Praxis.

Die erste Annahme betont, dass nicht wie vormals eingeschätzt, die Lehrperson quasi hauptamtliche und durch Wissensvorsprung autorisierte Gestalterin von Unterricht sei, die die Schülerinnen und Schüler prinzipiell in entsprechend gestalteten didaktischen Gebots- oder Angebotsstrukturen folgen. „Lehrende als Mehrwisser" (Reich 2008, S.39) verfügen zwar über gewisse fachliche und methodische Viabilitätserfahrungen, sie wissen aber *nicht* stets auch, ob ihre Annahmen tatsächlich den je gangbarsten Weg für alle Lernenden beinhalten.

In diesem Sinn verlangt die Konstruktivistische Didaktik eine fundamentale Neuausrichtung der Lehrerrolle, die vor allem aus einer neuen Sichtweise auf die Lernenden resultiert.

> „War früher die Rolle des Didaktikers den Lehrenden vorbehalten, so muss sie heute auch den Lernern zugesprochen werden. Je mehr die Lernerrolle auf Selbsttätigkeit, Selbstbestimmungsanteile, Steigerung der Selbstverantwortung und des Selbstvertrauens, Zunahme des Selbstwerts hin angelegt ist, desto mehr didaktisiert der Lerner sein eigenes Lernen. Insoweit sind Lehrende wie Lernende für mich Didaktiker." (Reich 2008, S.29)

Was vormals als pädagogisch-didaktisches Beziehungsgeflecht der Beteiligten im schulorganisatorischen Gesamtkomplex Schule verortet war, soll nunmehr aufgefasst werden als demokratisch sich regulierendes Wechselspiel von Lehr-/Lernsituationen in einer pädagogischen Gemeinschaft auf Zeit. In dieser Gemeinschaft ist der permanente Wechsel zwischen Beobachter-, Teilnehmer- und Akteursrollen für *alle* Beteiligten gewollt.

Die Begründung für diese veränderten Rollenauffassungen ist in der zweiten Kernannahme zu sehen. In einer Zeit, die durch die „Beschleunigung des Wissens und seine Zerfallszeiten“ (Reich 2008, S.96) selbst den Gebildetsten nicht mehr ermöglicht, einen Überblick zu behalten, verbiete sich – so die Konstruktivistische Didaktik – jeder Versuch einer Begrenzung. Vielmehr sei jeder stets wissend und unwissend zugleich, und diesem Phänomen gelte es, in einer zukünftigen „Verständigungsgesellschaft“ (Reich 2008, S.98) Rechnung zu tragen.

Diesem Umstand - so die dritte Kernannahme - muss sich auch die Institution Schule öffnen, indem sie darauf verzichtet, sich als den gesellschaftlichen Ort anzusehen, der zu Lernendes und zu Wissendes fest- und vorschreibt. Einigungsfähig – in regelmäßiger Reflexion und im ständigen Diskurs – ist ein Mindestmaß an Bildung und dies immer nur mit einer Relevanzentscheidung auf Zeit. Der Motor für jeden Wissenserwerb liegt nicht in den Lehr-/ Lerninstitutionen, sondern im Bemühen eines jeden Lernenden, über sich hinauszuwachsen und „durch eigenes Erproben und Experimentieren nicht ein kognitives Schema von außen zu übernehmen, sondern eine eigene Handlung und damit ein eigenes Interesse- und hierüber vermitteltes Wachstum- zu erreichen(...)“. (Reich 2008, S.103)

1.5.3 Der Bildungsbegriff

Vier zentrale Aspekte konturieren den Bildungsbegriff der Konstruktivistischen Didaktik:

- Bildung ist durch intraindividuelle Einsicht motiviert: jeder Bildungsprozess ist ein Lernprozess.
- Bildung wird durch interindividuellen Diskurs je konstruiert.
- Bildung bleibt in der gesellschaftlichen Verständigungsprozedur ambivalent, negativ und stets eine *„Wahrheit auf Zeit“* (Reich 2008, S.100)
- Bildung ist daher anzusehen als *„growth“ qua „experience“* (Reich 2008, S.103)

Der erste Aspekt will betonen, dass zwar die Bereitschaft, etwas zu lernen, in jedem Individuum angelegt ist, nicht jedoch auch die, jeden von außen verordneten Lernstoff einfach aufnehmen zu wollen. REICH drückt das folgendermaßen aus:

> „Jeder Sinn, den ich selbst für mich einsehe, jede Regel, die ich aus Einsicht selbst aufgestellt habe, treibt mich mehr an, überzeugt mich stärker und motiviert mich höher, als von außen gesetzter Sinn, den ich nicht oder kaum durchschaue und der nur durch Autorität oder Nicht-Hinterfragen oder äußerlich bleibende Belohnungssysteme gesetzt ist." (Reich 2008, S.95)

Damit kommt zum Ausdruck, dass jeder Lerner die an ihn gestellten Anforderungen – seien sie durch Rahmenrichtlinien oder Lehrpläne noch so verordnet – stets selbst nochmals in persönlicher, eben intraindividueller Weise zu *seinem* Sinn, zu *seinem* Anliegen machen muss, um sich ihnen überhaupt stellen zu können und zu wollen. Entfiele dieser Schritt – so die Konstruktivistische Didaktik – würde alles zu Lernende grundsätzlich als fremdbestimmtes Diktat aufgefasst. Zuwenden kann man sich Wissensanforderungen also nur, wenn man seine intrinsischen Potentiale selbst ordnen darf: die so aktivierte Lernbereitschaft verhilft dem lernenden Individuum dazu, *sich selbst bilden zu wollen.*

Trotzdem – so der zweite Aspekt – oder gerade deswegen, müssen die Ansprüche des Einzelnen und die aller anderen in einer Lerngruppe, in einer Gesellschaft stets kommunikativ neu miteinander vermittelt werden. Nicht mehr das, was ein vormals aufgestellter Kanon oder eine Gruppe von Spezialisten vorab festlegt, ist je Bildung zu nennen, sondern Bildung ereignet sich im Austausch über Gewolltes und als relevant Befundenes:

> „Was die Einen bewahren wollen, das wird für die Nächsten zu einem langweiligen, unzeitgemäßen Stoff. Viabilität stellt sich nicht nur aus einer Sicht her, sondern fordert grundsätzlich einen Dialog zwischen traditionellen und avantgardistischen Fachansprüchen und zwischen den Generationen, um in Verständigung ein gemeinsames Maß auszuhandeln. Neben Gruppenabsprachen tritt hier auch noch die Individualisierung des Maßes hinzu, was Abstimmungsprozeduren vielschichtig und schwierig macht, wenn Einzelne nicht übergangen werden sollen." (Reich 2008, S.101f.)

In diesem Sinne muss Schulbildung – so REICH – als allgemeine Bildung „hinreichend multiperspektivisch für Inhalte und Beziehungen und multimodal (Vielfalt von Lernwegen und –möglichkeiten) auch innerhalb der Fächer ausgelegt sein." (Reich 2008, S.99)

Begründet wird dies im dritten Punkt, der auf die hohe Dynamik eines jeden Bildungsprozesses hinweist: In einer Welt, deren Informationsflut es niemandem mehr möglich macht, *inhaltsbezogen* zwischen Relevanz und Irrelevanz zu entscheiden, wird es notwendig, sich als Gebildeter Wissen auf Zeit anzueignen in dem Bewusstsein, dass jede Bildung stets als *ambivalent* aufzufassen ist.

Ambivalente Bildung weiß um ihre Fragilität: je schneller neue Wissensbestände – etwa via Massenmedien und Internet – auf den individuellen Bildungsstand einströmen, umso schneller relativiert sich dieser. Paradoxerweise bestünden ja nur zwei fatale Möglichkeiten: zum einen könnte erstens der Einzelne sich dieser Flut verweigern, um den jeweiligen Bildungsstand zu bewahren, dadurch würde ihm aber zweitens jede Chance auf Weiterentwicklung genommen. Um diesem Dilemma zu entgehen, schlägt REICH deshalb eine begriffliche Umorientierung vor:

> „So führt die Ambivalenz, die wir in der heutigen Bildung spüren, zu einer Umstellung von Bildung auf Wissen. Der Begriff des Wissens erscheint als neutraler, um auch gegensätzliche Positionen und Aussagen nach- und nebeneinander stellen zu können, ohne zugleich als ungebildet im Sinne eines umfassenden Weltbildes erscheinen zu müssen." (Reich 2008, S.100)

So erklärt sich auch der Begriff der *negativen* Bildung im Kontext der Konstruktivistischen Didaktik:

> „Wir können daher von negativer Bildung sprechen: In sie geht immer schon das ein, was ihr mangelt, denn wenn sie etwas als positives und nutzbares Wissen erwerben lässt, so zeigt sich in diesem Erwerb und Nutzen bereits der Mangel, da nichts vollkommen gewusst, verstanden und genutzt werden kann. Bildung ist heute mehr eine Prozedur, sich eigenständig und vertiefend mit Wissen, mit diskursiven Praktiken, aber auch mit einer Reflexion über den Mangel, zu beschäftigen, aber nicht mehr eine Ansammlung kultureller Güter, die die Persönlichkeit im Sinne *einer bestimmten* Vernunft oder Tugend, vor allem nicht in ausgewiesener Sittlichkeit für alle umfassend formen kann." (Reich 2008, S.97)

Wesentliches Bindeglied gegen einen sonst vielleicht anzunehmenden Verfall sozialer Verbindlichkeiten in einer Gesellschaft bietet im konstruktivistischen Ansatz die Vorstellung einer *Verständigungsgemeinschaft*: wenn nicht mehr ein kulturell oder historisch vermittelter – hier als statisch aufgefasster – Bildungsbegriff die Voraussetzungen didaktischer Entscheidungen bildet, tritt an dessen Stelle die Notwendigkeit permanenter Absprachen im Diskurs. Das Resultat ist dann eine Übereinkunft über das, was im Kern zu wissen ist, und zwar im Sinne eines Mindestmaßes für eine gewisse Zeit:

> „Ein Mindestmaß an Bildung als negative Bildung ist jedoch noch ein Verständigungswissen und ein diskursiver, verständigender Umgang auf der Inhalts- und Beziehungsebene miteinander, den eine Verständigungsgesellschaft, die in unter-

schiedliche Verständigungsgemeinschaften mit unterschiedlichen Interessen und Erwartungen (mit unterschiedlicher Bildung) zerfällt, als Anspruch ihrer Offenheit benötigt, um sich zumindest darüber zu verständigen, worüber man sich nicht mehr inhaltlich vollständig verständigen kann und will, ohne dass dies sogleich mit gewaltigen Konflikten oder bloßem Unverständnis enden muss." (Reich 2008, S.97)

1.5.4 Die Lehrerrolle

Einhergehend mit einem so veränderten Verständnis des Bildungsbegriffes muss das Modell der Konstruktivistischen Didaktik natürlich auch von einer veränderten Rolle der Lehrpersonen ausgehen. Gilt das vorher (vgl. Abschnitt 1.5.2) vorgestellte Prinzip, dass sowohl Lehrende wie auch Lernende als Didaktiker aufgefasst werden, ist zu klären, wo in dieser Hinsicht die Konturen für ein Selbstverständnis der Lehrenden erwachsen können und sollen. Diese Neuausrichtung der Berufsauffassung ist ein wesentliches Element der Konstruktivistischen Didaktik als Beziehungsdidaktik.

Um in dieser Hinsicht Klarheit zu schaffen, präsentiert Reich im Sinne des Modells ein *didaktisches Menschenbild* (vgl. Reich 2008, S.21), betont aber gleichzeitig, dass dieses der je individuellen Ausformung bedarf. Basierend auf der Annahme, dass Lernen immer „eine soziale Situation und ein zwischenmenschliches kommunikatives Ereignis" sei (Reich 2008, S.18), wird die Bedeutung der persönlichen Glaubwürdigkeit, der Teamfähigkeit sowie die der Beziehungsfähigkeit betont, außerdem brauchen Lehrpersonen die Bereitschaft zur offenen Kommunikation, Geduld, die Bereitschaft zur persönlichen Weiterentwicklung, Fantasie bei der Gestaltung von Lernumgebungen, fachliche Kompetenz und inhaltlichen Forscherdrang. (Vgl. Reich 2008, S.21/22)

Auf dieser Basis gelte es – so REICH – die Lehrer- wie die Lernerrolle *pragmatisch, konstruktiv und systemisch* (Vgl. Reich 2008, S.23-40) zu gestalten:

- Der *pragmatische* Aspekt richtet sich auf die grundsätzliche Bereitschaft der Lehrperson, die Lerner an ihren Erfahrungen handelnd wachsen zu lassen. Dazu gehört die Bereitschaft und Fähigkeit zur Gestaltung von förderlichen Lernumgebungen, zur partizipativen Ausrichtung der Arbeit und zur interaktiv-kommunikativen Flexibilität in einem demokratischen Lehr-/Lernverständnis.

- Der *konstruktive* Aspekt definiert die Lehrperson nicht mehr einseitig als *mehrwissenden Experten*. Stattdessen gehe es darum, eine Doppelrolle mit instruktiven (auf reproduzierendes Wissen ausgerichteten) und konstruktiven (auf Schülerselbsttätigkeit ausgerichteten) Elementen reflektierend zu gestalten.

- Der *systemische* Aspekt thematisiert das komplexe wechselwirkende Gefüge im kommunikativen Gesamt aller Lehr-/Lernprozesse, dem nach Einschätzung Reichs in allen anderen didaktischen Modellen entschieden zu wenig Rechnung getragen wird. Die damit verbundenen für alle Beteiligten relevanten Grundsätze werden in einem Schaubild verdeutlicht.

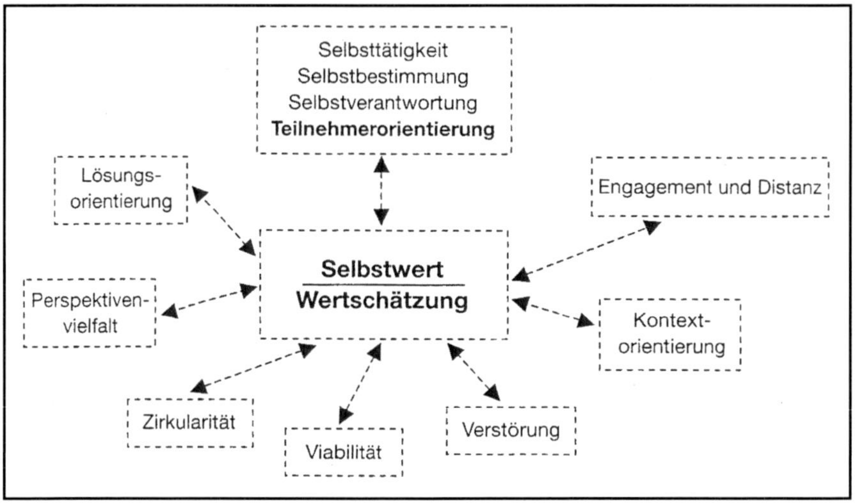

Abbildung 8: Beziehungsgrundsätze in der didaktischen Interaktion (Reich 2008, S.34).

Zentrale Begriffe sind *Selbstwert* und *Wertschätzung*: Der Selbstwert ist der, den sich das Individuum selbst zumessen möchte, ohne ihn jedoch statisch besetzen zu können. Stets sieht es sich selbst und reflektiert sich gleichermaßen; er ist damit die Grundlage für die Fähigkeit zur Wertschätzung der anderen. Diese gegenseitige Wertschätzung bedeutet die Fähigkeit, sich in Beziehung zu anderen offen für Übereinstimmungen wie auch für Differenzen zu zeigen, ohne dabei in Egoismus oder Opportunismus zu verfallen.

Teilnehmerorientierung verlangt von der Lehrperson die Einsicht, dass grundsätzlich Lerner am besten über sich selbst und ihre Bedürfnisse Bescheid wissen, so dass es selbstverständlich wird, ihnen Optionen und Ziele stets transparent zu machen.

Lösungsorientierung bedeutet, dass immer dann, wenn Störungen in der gemeinsamen Arbeit auftreten, diese nicht im Sinne einseitiger Betrachtungsperspektiven auf Schuldzuweisungen hinauslaufen dürfen. Vielmehr muss es immer darum gehen, sie als Anlass für kollektive Verhaltensänderungen ernst zu nehmen und entsprechend umzusetzen. Dies setzt bei allen Beteiligten die Fähigkeit und Bereitschaft zur *Perspektivenvielfalt* voraus. Dabei wird außerdem je die *Kontextorientierung* aller Kommunikation zu wahren sein.

Zirkularität gilt in jedem kommunikativen Zusammenhang als Grundstruktur: wer kommuniziert, ist Bestandteil eines hochkomplexen, rückkoppelnden Systems, in dem einfache Ursache-Wirkung-Zusammenhänge nicht von Belang sind. Indem die Beteiligten sich sprachlich verständigen, tauschen sie sich wechselseitig über ihre Wirklichkeitsauffassungen aus und lernen so voneinander.

Viabilität wird als Erkenntnis der Tatsache bedeutsam, dass nie allein von der Lehrperson der richtige Lernweg für alle vorgegeben werden kann: wenn, wie vorher (vgl. Abschnitt 1.5.2) ausgeführt, im Sinne der Konstruktivistischen Didaktik Lehrende wie Lernende gleichermaßen Didaktiker sind, dann müssen alle Beteiligten ihre Viabilitätsvorstellugen individuell und kollektiv vereinbaren können. Um zu verhindern, dass sich dabei favorisierte Praktiken einseitig verfestigen, sollten diese regelmäßig z.B. durch Perspektivenwechsel *verstört*, also kritisch hinterfragt werden.

Lernerzentrierung, Beziehungs- und Kommunikationsorientierung stehen somit im Zentrum eines konstruktivistischen Rollenverständnisses, das sich mit diesen Prämissen erkennbar von anderen Modellen und vor allem „alten Sichtweisen" (Reich 2009, S.15) abgrenzen will.

1.5.5 Die Unterrichtsplanung: elementar und ganzheitlich

Die Basis unterrichtlicher Gestaltungsüberlegungen in der Konstruktivistischen Didaktik bildet DEWEYs fünfstufiges pragmatisches Handlungsmodell des Lehrens und Lernens.

REICH betont dessen grundlegende Bedeutung und rät dazu, es im Sinne elementarer Planung zu berücksichtigen. (Reich 2008, S.189-191, S.241-144)

1. *Emotionale Reaktion* auf eine unerwartete Situation, die Betroffenheit/ Neugier/ Interesse auslöst.
2. *Definition* des darin aufgehobenen und für relevant befundenen Problems, Verknüpfung mit Vorkenntnissen und Vorerfahrungen, die man möglichst vorklären sollte.
3. *Hypothesenbildung* im Sinne möglicher Lösungsannahmen, dies so lernerzentriert wie möglich.
4. *Testen und Experimentieren* im Sinne von „learning by doing", die Lerner überprüfen Lösungsansätze im Handlungszusammenhang.
5. *Anwendung:* die durablen, also bewährten Lösungsansätze werden nutzbar und behaltbar gemacht, auch im Sinne von Einübung und Transfer.

Diesen Stufen fügt REICH nun drei *Handlungsebenen* (Reich 2008, S.245) hinzu, in denen sich diese fünf Stufen zeigen können, nämlich

- Realbegegnungen – das sind konkret erlebte Ereignisse.
- Repräsentationen – das sind dokumentierte Ereignisse.
- Reflexionen – das sind repräsentierte Meinungen über Ereignisse.

REICH betont die Notwendigkeit der abwechslungsreichen Handhabung dieser Handlungsebenen in allen Stufen und warnt vor einer Überbetonung der Repräsentationen, die zur Monokultur erstarren könnten. Das folgende Schaubild gibt eine Übersicht über die Verknüpfungsvarianten.

Handlungsstufen **Handlungsebenen**	**1** **Emotionale Reaktion Problem Ereignis**	**2** **Anschlussfähigkeit**	**3** **Hypothesen Untersuchungen Experiment**	**4** **Lösungen**	**5** **Anwendungen Übungen Transfer**
Realbegegnung (sinnlich **gewiss**)	• Konkrete emotionale Betroffenheit? • Problem konkret erfahrbar? • Reales Ereignis möglich?	• Alltagserfahrungen? • Realiätsbezug? • Anschlüsse konkret erfahrbar?	• Hypothesen aus konkreten Erfahrungen? • Konkrete Untersuchungen oder Experimente zur Verifizierung?	• Praktische Lösungen? • Lösungsalternativen? • Konkrete Lösungsmöglichkeiten?	• Praktische Anwendungen? • Übungen? • Transfermöglichkeiten in die Praxis?
Repräsentation (konventionell)	• Betroffenheit durch emotionale Darstellung? • Problemdarstellung? • Ereignisdarstellung?	• Anschlüse an vorwissen/ vorhandene kognitive Modelle? • Verdecktes Wissen? • Implizite konventionelle Deutungen?	• Theorie-Hypothesen? • Abstrakte Gegenstandsuntersuchung? • Gedankenexperimente?	• Theoretische Lösungen/ Lösungsalternativen? • Lösungsmöglichkeiten?	• Theoretische Anwendungen? • Übungen? • Transfermöglichkeiten für Regelfälle?
Reflexion (diskursiv)	• Betroffenheit/ Problematisierung durch Diskurs? • Widersprüche erkennbar? • Ereignisse erklärbar/ deutbar?	• Anschlüsse an Interessen/ Deutungsmuster? • Abstraktionsfähigkeit? • Diskursives Vorwissen?	• Methodenreflexion (Untersuchungen/ Experimente)? • Einschätzung wissenschaftlicher Methoden?	• Begründung von Lösungen? • Geltung von Lösungen? • Reflexive Alternativen? • Auslassungen?	• Kritische Anwendungen? • Übungen? • Transfermöglichkeiten auf andere Fälle?

Abbildung 9: Elementares Planungsmodell für Unterrichtsstunden (Reich 2008. S.240).

Kurz gefasst resultiert daraus – so REICH – auch eine elementare Abfolge von Planungsschritten für die Lehrperson, die er gleichwohl nicht als Rezeptologie aufgefasst wissen möchte. Sie helfe aber insbesondere Berufsanfängern, kürzere Unterrichtseinheiten im Sinne der Konstruktivistischen Didaktik zu konzipieren.

1 **emotionale Reaktion Problem Ereignis**	2 **Anschlussfähigkeit**	3 **Hypothesen Untersuchungen Experimente**	4 **Lösungen**	5 **Anwendungen Übungen Transfer**
Einstieg: Fall Impuls Fragen Bilder Auftrag usw.	*Verknüpfen:* Wiederholen Erinnern Fantasieren Assoziieren Erweitern usw.	*Inquiry and Experience:* Gegenstände Material Texte Bilder usw.	*Präsentation:* Vortrag Referat Visualisierung Portfolio Bilder usw.	*Langzeit:* Test Prüfungen Kompetenzen Transfer usw.

1. **Diese fünf Schritte müssen in der Regel immer gegangen werden.**
2. **Sie können in einer Unterrichtsstunde gegangen werden ...**
3. **... oder in einem längeren Zeitraum.**
4. **Die Schritte lassen uns viel Freiheit, unterschiedliche Lernarrangements zu ergänzen.**

Abbildung 10: Elementare Unterrichtsplanung nach Reich (Reich 2008, S.114).

Diesem fügt REICH außerdem als didaktische Makrostruktur für komplexere Unterrichtsvorhaben das erweiterte Planungsschema der ganzheitlichen Planung hinzu.

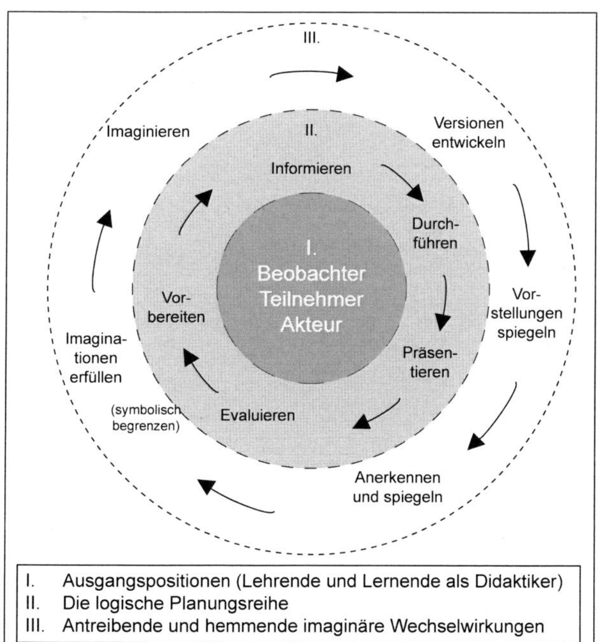

Abbildung 11: Planung im Überblick (Reich 2008, S.247).

Ganz ähnlich den Planungsschemata anderer Didaktiken findet sich hier ein Drei-Ebenen-Modell prinzipieller Art; thematisiert werden die

- personelle Ausgangsposition (I.)
- logische Planungsreihe (II.)
- vorstellbaren antreibenden und hemmenden Wechselwirkungen (III.)

Personelle Ausgangsposition (I.):

Die personelle Ausgangsposition charakterisiert den für alle Beteiligten stetigen Wechsel ihrer Position: ein Akteur plant direkt und führt das Geplante durch, ein Teilnehmer folgt solchen Vorgaben oder entwickelt eigene und verständigt sich mit anderen über die Teilnahmebedingungen und -perspektiven, ein Beobachter nimmt wahr, welche Handlungen durchgeführt werden und wie kommuniziert wird. (Vgl. Reich 2008, S.246)

Logische Planungsreihe (II.):

Die logische Planungsreihe enthält die wesentlichen Handlungsstufen des Unterrichts, nicht jedoch in linearer Phasierung, sondern in zirkulärer Anordnung im Sinne einer Grundorientierung:

- *Vorbereiten:* einen Plan erstellen, eine Information geben, Material zusammenstellen.
- *Informieren:* die Lerngruppe zu jedem Zeitpunkt in den aktuellen Stand der Dinge versetzen, um weiterarbeiten zu können.
- *Durchführen:* handeln durch Erarbeiten, Erfinden, Lösen usw.
- *Präsentieren:* Resultate, Ergebnisse, Werke usw. vorstellen und reflektieren.
- *Evaluieren:* alle Handlungsstufen gemeinsam auswerten als Feedback, als Befragung, als Rückmeldung usw. (Vgl. Reich 2008, S.248)

Wechselwirkungen (III.):

Diese Ebene bemüht sich, relevanten Hintergrundphänomenen im Sinne der intrinsischen Motivation und der für Gruppenprozesse unabdingbaren Empathie der Beteiligten Raum zu geben. Es handelt sich dabei weniger um Aspekte didaktischer Planbarkeit als vielmehr um solche der gemeinsamen Arbeitskultur und Verständigung:

- *Imaginieren:* Stärkung der individuellen Wunsch- und Vorstellungskraft, damit nicht Langeweile oder Unaufmerksamkeit entstehen.
- *Visionen entwickeln:* Symbolische Formen des Imaginierten zulassen als zu erreichende Ziele.

- *Vorstellungen spiegeln:* das je vom anderen Imaginierte durch Kommunikation kennen lernen und wertschätzen wollen.
- *Anerkennen und spiegeln:* Anerkennung aussprechen und zeigen, damit Selbstwert erfahren und erzeugt werden kann.
- *Imaginationen erfüllen:* die Wünsche der Beteiligten als Handlung, als Teilnahme, als Beobachtung erfüllen helfen. (Vgl. Reich 2008, S.250)

Zusammenfassend bleibt festzustellen, dass in diesem Planungsmodell der Konstruktivistischen Didaktik eine deutliche Abgrenzung zu den anderen hier vorgestellten Modellen vollzogen ist: es geht stets um ein Mindestmaß an Vorgaben und um ein Höchstmaß an Vorhaben. Die große „Vision" so angelegten Unterrichts ist die größtmögliche Partizipation aller Beteiligten in einem hochdynamischen Wechselspiel aus Selbstverantwortung und Teilhabe im Sinne eines möglichst hohen Konstruktionsgrades.

2. Was gibt es zu bedenken?

In diesem Kapitel werden sieben zentrale Aspekte der Unterrichtsvorbereitung und Stundenplanung aufgeführt, die in der Regel jeder bedenkt, der seinen Unterricht gestalten will. Die Überlegungen zu diesen Bausteinen stützen sich allerdings – und dies haben sich Lehrende zu vergegenwärtigen – auf durchaus verschiedene Quellen. Einige Bezüge zu den vorher vorgestellten didaktischen Modellen sollen im Folgenden aufgedeckt werden. Ausgenommen wird dabei – daran sei nochmals erinnert – die noch in der Entwicklung stehende Konstruktivistische Didaktik.

2.1 Die Lerngruppe

Alle großen didaktischen Modelle fordern die Berücksichtigung dieses pädagogisch-diagnostischen Aspektes: es gilt zu klären, welche Aussagen sich über die Lerngruppe machen lassen, in der das Unterrichtsvorhaben stattfinden soll.

Dass Überlegungen zu diesem Aspekt angestellt werden, ist in allen Modellen gefordert, signifikante Unterschiede lassen sich in den je eingenommenen Perspektiven ausmachen.

So fordert die *Bildungstheoretische Didaktik* dazu auf, den Unterrichtsstoff hinsichtlich seiner Relevanz für die lebensweltliche Gegenwart und die Zukunft der Schüler zu durchdenken und zu klären, wie deren Vorkenntnisse und -erfahrungen beschaffen sein mögen. Im Rahmen der hier so genannten „Didaktischen Analyse" fordert KLAFKI zur Besinnung auf folgende Fragen auf:

> „Welche Bedeutung hat der betreffende Inhalt bzw. die an diesem Thema zu gewinnende Erfahrung, Erkenntnis, Fähigkeit oder Fertigkeit bereits im geistigen Leben der Kinder meiner Klasse, welche Bedeutung sollte er – vom pädagogischen Gesichtspunkt aus gesehen – darin haben ?... Worin liegt die Bedeutung des Themas für die Zukunft der Kinder?" (Klafki 1963a, S.136/137)

Die Bedürfnisse der Lerngruppe werden hier also über die Frage der Relevanz des Unterrichtsinhaltes für die kognitive Weiterentwicklung der Schülerinnen und Schüler einbezogen. Deutlich im Mittelpunkt steht der Sachinhalt selbst, der Lehrer soll ihn im Horizont der geistigen Entwicklung seiner Klasse verorten und damit seine Auswahl adressatengerecht begründen können. Dabei geht es jedoch weniger um aktuelle oder individuelle Bedürfnisse einzelner Schülerinnen und Schüler, sondern um die Frage, wie *prinzipiell* die Lernsituation der gesamten Gruppe einzuschätzen ist, etwa hinsichtlich der bei ihr zu erwartenden kognitiven Ausgangsbedingungen oder der bereits gemeinsam im Unterricht gewonnenen Erfahrungen.

Umfassend und detailliert formuliert die *Lerntheoretische Didaktik* die Notwendigkeit der Lerngruppenbeschreibung als Element der vom Lehrer immer zu bedenkenden Bedingungsanalyse. Vom Lehrer zu berücksichtigen sei hier eine ganze Bandbreite didaktisch „relevanten Tatsachen-Wissens auf den Gebieten der anthropologischen und Kultur-Forschung" (Heimann 1962, S.425). Erstmals wird auch der Lehrer als Persönlichkeit selbst in die Überlegungen zur Lerngruppe einbezogen:

> „Der Lehrer bringt sich wie der Schüler mit seiner faktischen Personstruktur in die Unterrichtsprozesse ein. Die Faktoren-Analyse hat sich hier auf die philosophisch-anthropologische und erfahrungswissenschaftlich-psychologische Interpretation der personalen Bedingungslage zu stützen, im Falle des Schülers vor allem auf die Deutung der entwicklungspsychologischen und lernpsychologischen Phänomene." (Heimann 1962, S.422)

Verglichen mit der Perspektive der Bildungstheoretischen Didaktik ist hier eine vernehmlich deutlichere Forderung nach einer fundierten Kenntnis der Bezugswissenschaften gestellt, aus der heraus der Lehrer stets die Ausgangslage seiner Klasse thematisieren soll, um so zu unterrichtlichen Entscheidungen zu gelangen.

Im von Wolfgang Schulz entwickelten *Hamburger Modell* wird im Rahmen der dort geforderten Umrissplanung dieser Aspekt sogar noch detaillierter gefasst: in der Auseinandersetzung mit der so genannten „Ausgangslage" klärt der Lehrer nicht nur – einschließlich seiner Person – die kognitiven, sozialisatorischen, geschlechtsspezifischen, familialen und auch unterrichtlichen Voraussetzungen der Beteiligten, sondern fragt auch nach deren Bedürfnissen und Erwartungen und stimmt den Unterrichtsverlauf als gemeinsames Interaktionsfeld ab.

> „Die Ausgangslage, auf die die Planenden sich beziehen, wird, wie schon angedeutet, nicht nur die der Schüler (und ihrer Eltern), sondern auch die der Lehrer sein müssen, um nicht Chancen oder Störfelder von Bedeutung zu übersehen. Lang- und mittelfristige Wirkungen ihrer vorgängigen und begleitenden Sozialisation und Qualifikation gehören ebenso dazu wie spezifische Vorerfahrungen Ängste, Hoffnungen, Motive, die für die Beschäftigung mit dem in Aussicht genommenen Unterrichtsziel von Bedeutung sind." (Schulz 1981, S.84)

In zunehmendem Maß wird hier die Berücksichtigung auch lernpsychologisch bedeutsamer Aspekte eingefordert. Das Hamburger Modell erwartet damit eine viel umfangreichere Betrachtungsfähigkeit der Lehrenden: nicht nur pädagogische und fachdidaktische Entscheidungsmomente bestimmen, wie welches Unterrichtsangebot umgesetzt wird, sondern immer auch die Frage der Zumutbarkeit angesichts der je ermittelten (lern)psychologischen Ausgangslage.

Die *Kritisch-konstruktive Didaktik* schließlich weist über die Anlehnung an den Begriff der Bedingungsanalyse der Lerntheoretischen Didaktik auf die fundamentale Bedeutung solcher Überlegungen zur Lerngruppe hin. KLAFKI betont, dass in jeglichen Schritt der Unterrichtsplanung „jeweils eine Analyse der konkreten, soziokulturell vermittelten Ausgangsbedingungen einer Lerngruppe (Klasse), des bzw. der Lehrenden sowie der unterrichtsrelevanten, kurzfristig änderbaren oder nicht änderbaren Bedingungen einschließlich möglicher oder wahrscheinlicher Schwierigkeiten bzw. Störungen eingehen muß." (Klafki 1996, S.270)

Mit dieser Forderung nähert sich die Kritisch-konstruktive Didaktik auch den Forderungen des Hamburger Modells an. Obwohl KLAFKI nicht in der gleichen Bandbreite Daten über die Lerngruppe erheben will, fordert er doch, empirische Begründungszusammenhänge für pädagogische und didaktische Entscheidungen anzuführen. (Vgl. dazu Abschnitt 1.4 des Lehrbuches)

2.2 Das Unterrichtsthema

Sind die Überlegungen zur Lerngruppe angestellt, gilt es, das Unterrichtsthema oder auch den Unterrichtsgegenstand zu präzisieren: auch zu diesem Aspekt finden sich in allen Modellen Anmerkungen, die den Lehrenden auf Kriterien zur Themenwahl festlegen.

Die *Bildungstheoretische Didaktik* macht die Frage nach dem Grad der Bildungsbedeutsamkeit zum Hauptkriterium: was zum Unterrichtsthema wird, muss grundsätzlich folgenden Qualitätskriterien multiplikatorischer Art standhalten, die in der sog. „Didaktischen Analyse" zu ermitteln sind:

> „Bildend sind nicht die besonderen Sachverhalte als solche, sondern die an ihnen zu gewinnenden Struktureinsichten oder Gesetzeserkenntnisse, die erfassten Prinzipien oder die erfahrenen Motive, die beherrschten Methoden oder die verstandenen Fragerichtungen, die angeeigneten Grundformen oder Kategorien, schließlich: die erfahrenen Grenzen. Alle diese ‚Gehalte' wirken aufschließend oder erschließend, machen jeweils ganze Felder oder Reihen von einzelnen Phänomenen ver-

ständlich, ermöglichen die Bewältigung ganzer Gruppen von Aufgaben oder öffnen jeweils einen Kreis von freien Möglichkeiten." (Klafki 1963a, S.122)

Die *Lerntheoretische Didaktik* nimmt eine gänzlich andere Position zu diesem Aspekt ein; hier wird die Frage des Unterrichtsthemas als ein Entscheidungsfeld von vieren aufgefasst; im Fokus ist dabei der zu initiierende Lernprozess. Folgt man dieser Argumentation, so wird im Unterricht nur thematisiert werden können, was nachweislich „Lernpotential" (Heimann 1962, S.420) enthält. Unterrichtsgegenstände legitimieren sich, so dieses Modell, indem sie „der Daseins-Erhellung (Erkenntnis-Dimension), der Daseins-Erfüllung (Emotionale Dimension) und der Daseins-Bewältigung (Antriebs- und Willensdimension)" dienen. (Heimann 1962, S.417)

Damit intendiert das Modell bereits sehr frühzeitig die auch heute so betrachtete Berücksichtigung kognitiver, affektiver und psychomotorischer Dimensionen in der Entscheidung über Unterrichtsthemen.

Im *Hamburger Modell* ist terminologisch diese Idee noch konkreter gefasst und als Matrix der Perspektivplanung gedeutet: alle Gegenstände des Unterrichts sollen bei den Lernenden „Autonomie, Kompetenz und Solidarität" (Schulz 1981, S.35ff) befördern, die ihrerseits miteinander verflochten seien und deswegen nicht isoliert-mechanistisch aufgefasst werden dürften.

„Kompetenz wird nicht mehr auf die gleiche Weise gefördert, wenn sie nicht nur die Funktionstüchtigkeit, die Brauchbarkeit, die Ausnutzbarkeit erhöhen will, sondern als Hilfe für mehr Selbstbestimmung notwendig wird, nicht in Individualkonkurrenz nach dem Motto ‚homo homine lupus' verbessert werden soll, sondern in Solidarität mit dem Autonomiestreben der anderen..."
„Autonomie ist doch gar nicht für sich zu fördern, sondern nur über die Art und Weise, in der man mit dem Erwerb der dazu erforderlichen Kompetenzen zugleich übt, sich in diesen Prozeß einzubringen, Subjekt des eigenen Lernprozesses zu sein..."
„Solidarität kann nicht mehr mißverstanden werden als Kumpanei zum gemeinsam ‚hinter die Schule gehen', wenn sie helfen soll, möglichst für jeden die erforderliche Kompetenz aus den schulischen Möglichkeiten herauszuholen, auch wenn dazu die Auseinandersetzung mit ihr nötig ist..." (Schulz 1981, S.36/37)

Die *Kritisch-konstruktive Didaktik* behält die schon in der Bildungstheoretischen Didaktik geforderte Relevanzüberprüfung bezüglich der Bildungsbedeutsamkeit eines jeden Unterrichtsthemas bei: zu ermitteln sei – weiterhin im Sinne der Didaktischen Analyse – die Gegenwarts- sowie die Zukunftsbedeutung einer Thematik, außerdem deren exemplarische Bedeutung. Dazu legt sich der, der den Unterricht vorbereitet, im Sinne dieses Modells ganze Fragenkomplexe vor, die das Unterrichtsthema auf seine Potenziale hin untersuchen:

„Am potentiellen Thema müssen sich allgemeinere Zusammenhänge, Beziehungen, Gesetzmäßigkeiten, Strukturen, Widersprüche, Handlungsmöglichkeiten erarbeiten lassen.“ (Klafki 1996, S.275)

Konkretisiert werden jedoch die Dimensionen, auf die solche Gegenstände sich grundsätzlich zu richten haben, der Anspruch, die Lernenden zu bilden, wird aufgefasst – durchaus vergleichbar mit dem Hamburger Modell – als „selbsttätig erarbeiteter und personal verantworteter Zusammenhang dreier Grundfähigkeiten... als Fähigkeit zur Selbstbestimmung..., als Mitbestimmungsfähigkeit,...als Solidaritätsfähigkeit...“ (Klafki, 1996, S.52)

2.3 Inhalte und Ziele

Wie entscheidet man, welches Angebot den Lernenden im Unterricht gemacht werden soll und wie legt man seine Ziele fest? Mit diesen beiden Fragen enden im Prinzip die vorher angestellten Überlegungen zur Unterrichtsvorbereitung; der Übergang zur eigentlichen Unterrichtsgestaltung nimmt seinen Anfang. Es sei nochmals darauf hingewiesen, dass die Auswahl von Inhalten und die Festlegung auf Ziele jedoch stets ein Bezugsgeflecht zu den eher unterichtsvorbereitenden Überlegungen zur Lerngruppe und zur Thematik bilden muss, damit ein stimmiges Unterrichtsgesamt entstehen kann!

In der *Bildungstheoretischen Didaktik* ist konsequentermaßen die Frage nach den zu wählenden Inhalten aufs Engste mit der o.g. Frage nach der Bildungsbedeutsamkeit verknüpft; jeder Auswahl der Inhalte geht in diesem Modell eine sorgfältige Abwägung eines jeden Inhaltes *auf seinen allgemeinbildenden Gehalt* voraus. Damit wird ausgedrückt, dass jeder Lehrende aus vorgegebenen Inhalten, seien sie z.B. Lehrplangegenstände oder Schulbuchangebote, jeweils begründet dasjenige auswählen muss, was ihm in „bestimmten geistig-geschichtlichen Situationen und im Blick auf bestimmte Kinder“ (Klafki 1963a, S.134) geeignet erscheint. Zum Unterrichtsinhalt kann nur werden, was folgende Bedingungen erfüllt:

„Es charakterisiert einen Bildungsinhalt, dass er als einzelner Inhalt immer stellvertretend für viele Kulturinhalte steht; immer soll ein Bildungsinhalt Grundprobleme, Grundverhältnisse, Grundmöglichkeiten, allgemeine Prinzipien, Gesetze, Werte, Methoden sichtbar machen. Jene Momente nun, die solche Erschließung des Allgemeinen im Besonderen oder am Besonderen bewirken, meint der Begriff des Bildungsgehaltes. Jeder Bildungsinhalt birgt in sich also einen allgemeinen Bildungsgehalt.“ (Klafki 1963a. S.134)

Die hier verlangte Überprüfung aller möglichen Inhalte trägt die Vorstellung von Unterrichts*zielen*, die es zu setzen gilt, bereits mit sich. Die Bildungstheoretische Didaktik bemüht nicht den Begriff *Ziel*, sondern den der *Intention*. Es wird die Auffassung vertreten, dass im Kern *alle* Unterrichtsentscheidungen *beabsichtigen* müssen, zur Heranbildung des gebildeten Subjektes beizutragen, damit jeder Lernende „in sich und zugleich in seiner Beziehung zur Welt“ (Klafki 1963a. S.134) orientierungs- und gestaltungsfähig werden kann.

Die *Lerntheoretische Didaktik* mit dem ihr eigenen Fokus auf den Lernprozess selbst geht von einem engen Entscheidungsbezug zwischen Inhalten und Absichten aus, wobei diese Absichten überhaupt erst durch dazu gewählte Inhalte als Unterrichtsentscheidungen konkretisiert werden können:

> „Es muß entschieden werden, welche *Absichten* an *welchen Inhalten* unter Verwendung *welcher Methoden und Medien* verwirklicht werden sollen...“ (Heimann 1962, S.416)

HEIMANN unterscheidet solche „Lern-Intentionen“ nach „Möglichkeitsklassen“:

- „kognitiv-aktive (Kenntnisse, Erkenntnisse, Überzeugungen);
- affektiv-pathische (Anmutungen, Erlebnisse, Gesinnungen);
- pragmatisch-dynamische (Fähigkeiten, Fertigkeiten, Gewohnheiten, Taten, Werkvollendungen). (Heimann 1962, S.417)

Für die solchen Absichten dienenden Unterrichtsinhalte nimmt die Lerntheoretische Didaktik drei Grundformen an, nämlich „Wissenschaften, Techniken oder Pragmata“:

> „Ein Beispiel ist der Deutschunterricht, in dem so unterschiedliches wie die Wissenschaft der Literaturgeschichte, Techniken wie die grammatische Schulung, Pragmata wie der konstruktive Aufsatz oder das selbstgefertigte Poem in eins zusammenfallen.“ (Heimann 1962, S.419)

Im *Hamburger Modell* wird dieser Interdependenzgedanke in verschiedenen Planungsebenen angesiedelt: während, wie oben beschrieben, die Unterrichtsthematik Element der Perspektivplanung ist, werden Entscheidungen über Inhalte und Ziele in der Umriss- und der Prozessplanung gefällt. Dabei gilt grundsätzlich für die Legitimation der Inhalte, dass sie als Resultat einer *Interaktion zwischen allen Beteiligten* festgeschrieben werden. Damit ist gefordert, dass die Einigung über Inhalte und Ziele stets selbst zum Unterrichtsgegenstand wird.

> „Was bedeutet dies im einzelnen für die unterrichtlichen Planungsaufgaben?
> Es bedeutet, daß auch der Prozess der Unterrichtsplanung letztlich eine Interaktion zwischen den Unterrichtsteilnehmern sein sollte und damit Teil des Unterrichts selbst.
> Es bedeutet, daß die Schüler sich auf den Unterricht und seine Planung einlassen müssen, die Situation als Unterricht akzeptieren müssen, wenn von Unterricht und seiner Planung im Sinne dieses Modells die Rede sein soll.
> Es bedeutet, daß Lehrer auf Indoktrination und Dressur für die Zwecke des Auftragsgebers oder aus eigener Parteilichkeit auch im Planungsstadium verzichten…“ (Schulz 1981, S.12)

Um in diesem Sinne zu *demokratischen* Vereinbarungen zu gelangen, empfiehlt das Hamburger Modell, sich in Form der *Themenzentrierten Interaktion* (vgl. Cohn 1980 und Abschnitt 1.3 des Lehrbuches) zu einigen. Dabei werden zwar die Grenzen solcher Vereinbarkeitsmöglichkeiten konzediert, wie sie zwischen Lehrenden und Lernenden bestehen, diese erscheinen jedoch gerade als entscheidungsrelevant:

> „Lehrer helfen, indem sie die Grenzen ihrer Interessengleichheit mit den Schülern nicht verschleiern, sondern diskutierbar machen.“ (Schulz 1981, S.13)

Die *Kritisch-konstruktive Didaktik* schließlich führt die bereits in der Bildungstheoretischen Didaktik grundgelegte Orientierung an der historizitär-exemplarischen Relevanz der Inhalte weiter. Während die Vorgaben zur schon erwähnten didaktischen Analyse im wesentlichen beibehalten werden, führt KLAFKI jedoch – vermutlich angeregt durch das Hamburger Modell – eine weitere Entscheidungsdimension über Inhalts- und Zielfragen ein. Hatte ursprünglich die didaktische Analyse den Charakter einer unterrichtsvorbereitenden Selbstreflexion durch den Lehrenden – er führte diese Analyse selbst und allein durch – öffnet sich das kritisch-konstruktive Modell dem Partizipationsgedanken. Lehrenden soll mindestens bewusst sein und bleiben, dass die je von ihnen gefällte Entscheidung sich einerseits kollegialer, also auch wissenschaftlicher Hinterfragung, andererseits aber auch einer solchen durch die Schüler wird stellen müssen. Für die alltägliche Unterrichtsplanung heiße das, so KLAFKI, vor allem, „Lernfortschritte dadurch zu ermöglichen und längerfristig Motivationen dadurch aufzubauen, daß die Spannweite zwischen der Ausgangslage und dem jeweils anzustrebenden Ziel realistisch begrenzt gehalten wird.“ (Klafki 1996, S.275)

2.4 Methoden

In der *Bildungstheoretischen Didaktik* werden methodische Aspekte als Teilbereich der didaktischen Analyse in enger Verknüpfung mit der Frage nach der inhaltlichen Relevanz der Unterrichtsthemen gesehen. Demzufolge werden sie nicht im Detail thematisiert, sondern sind als Grundfragen (vgl. Kap. 1.1.2 des Lehrbuches) dort nur mehr ein Analyseaspekt. Nicht die Entscheidung bezüglich der unterrichtlich angemessenen Arbeitsform ist zu fällen, sondern dem Prinzip von Anschaulichkeit folgend zu überlegen, wie man ein Thema begreiflich und zugänglich machen könnte. Damit sind in diesem Modell methodische Fragen den didaktischen Erwägungen untergeordnet oder inhärent.

Methodenfragen explizit als relevant für die Unterrichtsplanung anzusehen, ist üblich, seit in der *Lerntheoretischen Didaktik* Paul Heimann in kritischer Auseinandersetzung mit dem bildungstheoretischen Primat der Inhaltsfrage das Augenmerk darauf richtete und die Methoden zum Entscheidungsfeld für Lehrende erklärte:

> „Wir befinden uns bei der Behandlung dieser Frage auf dem Gebiete der didaktischen Erfindung, des konstruktiven Denkens und deshalb des unerhörten Formenreichtums." (Heimann 1962, S.420)

Die *Lerntheoretische Didaktik* regt an, folgende Aspekte zu durchdenken:

- Die Artikulation des Unterrichts in Stufen und Phasen (vgl. dazu Abschnitt 2.6 des Lehrbuches)
- Die Gruppen- und Raumorganisation
- Den Kanon der Lehr- und Lernweisen (vgl. Heimann 1962, S.420/421 und Abschnitt 3.8 des Lehrbuches)

Methodenfragen werden hier in ihrer Bedeutung gegenüber etwa der Bildungstheoretischen Didaktik deutlich gewichtiger: ihnen kommt zumindest die Funktion zu, in der konkreten Ausgestaltung des Unterrichts den Präsentationsbedürfnissen der Lernenden zu entsprechen. Die Frage nämlich, ob ein Thema etwa frontal durch die Lehrperson oder durch die Lerngruppe in Gruppenarbeit bewältigt werden soll, entscheide – so die Lerntheoretische Didaktik – mit darüber, wie dieses Thema dann beschaffen sei und in welcher Absicht es der Lerngruppe dargeboten werde.

Im *Hamburger Modell* werden sowohl die Methoden als auch Medien - wie bereits in Abschnitt 1.3.2.2 dargestellt- unter dem Begriff „Vermittlungsvariablen" subsumiert.

Methoden haben nach Wolfgang Schulz nicht die Funktion, einer isoliert am Schreibtisch planenden Lehrperson zur Optimierung ihrer *Lehr*ansprüche zu verhelfen. Die diesem Modell eigene Betonung *gemeinsamer* Arbeit an allen Aspekten unterrichtlichen Handelns schließt ein, dass auch bei der Frage nach den Arbeitsweisen die Lernenden Mitgestalter sein müssen. Dies geschieht stets mit dem Ziel, ihnen sukzessive zur zunehmenden Selbststeuerungsfähigkeit zu verhelfen:

> „Nicht nur der institutionell vorgegebene Planungsrahmen, sondern auch die oft eher system- als situationsorientierten Ansprüche einzelwissenschaftlicher Welterklärung werden auf ihren Bezug zur Situation der Lehr-Lerngruppe hin befragt und von ihrer Legitimierbarkeit durch das Verfahren des Diskurses in der Gruppe abhängig gemacht, soweit der Handlungsspielraum der Lehr-Lerngruppe dies gestattet." (Schulz 1991, S. 58)

Wenn in diesem Sinn also Unterrichtsplanung als Interaktion handlungsfähiger Subjekte gesehen wird, liegt es nahe, im Methodenspektrum solche Formen zu favorisieren, die einerseits die höchstmögliche Partizipation der Lernenden ermöglichen, andererseits die angestrebte Vereinbarung von Sach-, Sozial- und Gefühlserfahrungen fördern.

Schulz bevorzugt deswegen das Zusammenspiel aus drei methodischen Grundformen des Lehrens und Lernens:

- Projekte und projektorientierten Unterricht, die in ihrem typischen Verlauf aus „purposing (Zielsetzung), planning (Planung), executing (Ausführung) und judging (Beurteilung)" geeignet sind, sich in „selbstorganisierter Problembehandlung" zu üben (vgl. Schulz 1991, S. 74)
- Lehrgänge, Kurse und Schulungssequenzen, um fachsystematisch und auch fachlich übergreifend Verfahrenssicherheit zu gewinnen (vgl. Schulz 1991, S. 75)
- Diskurse, in denen die Vermittlung zwischen Sach- und Kommunikationsebene bewältigt werden sollen. (vgl. Schulz 1991, S. 75)

Konsequenterweise schließt dies ein, ebenso partizipative Sozialformen (vgl. Abschnitt 3.8 des Lehrbuches) wie Partner- und Gruppenarbeit zu favorisieren: Schulz fordert, frontale Vermittlungsformen nur dann zu wählen, wenn dies in der Lehr-Lerngruppe konsensuell als notwendig erachtet wird. Auch bezüglich der Aktionsformen gilt dieses Prinzip:

> „Unter den vielen *Aktionsweisen*, die innerhalb der einzelnen Grundformen des Lehrens und Lernens, innerhalb der einzelnen Phasen und sozialen Arrangements in unterschiedlichem Umfang aktualisiert werden können, sind solche, die Schüleraktivität gegenüber der >Sache<, in der Gruppe und im Umgang mit sich selbst begünstigen, unter den Prämissen dieses Modells besonders zu fördern: z.B. Beobachten, Befragen, Destruieren, Konstruieren, Diskutieren, Referieren, Rollenspielen, Meditieren. (vgl. Schulz 1991, S. 76)

Besonders hinsichtlich dieser Forderungen böte sich die Möglichkeit, erste Gemeinsamkeiten mit dem in diesem Buch dargestellten Modell der Konstruktivistischen Didaktik zu entdecken, das (vgl. z.B. Abschnitte 1.5.3 und 1.5.4) ganz ähnliche Annahmen entwickelt.

Für die *Kritisch-konstruktive Didaktik* ist die Unterrichtsmethode der „Inbegriff der Organisations- und Vollzugsformen zielorientierten unterrichtlichen Lehrens und Lernens", (Klafki 1996, S.131) womit Lehrende dazu aufgefordert sind, ihre Methoden grundsätzlich in zweifacher Hinsicht wirksam werden zu lassen: zum einen dienen Unterrichtsmethoden dazu, die intendierten Unterrichtsgegenstände lerngruppengemäß anzubieten und zum anderen dazu, bei den Lernenden selbst als Element sozialer Interaktion zu fungieren.

Entschieden abgelehnt wird in diesem Modell jede einseitige Funktionalisierung von Methoden.

Unterricht – so KLAFKI – ginge fehl, wenn Methoden nur dazu dienten, größtmögliche Perfektion und Effizienz der Vermittlung zu erbringen. Das vom Lehrinhalt her noch so perfekt Aufgearbeitete würde im schlimmsten Fall alle Bedürfnisse der Lernergruppe ignorieren und zur reinen Stoffpräsentation reduziert. Genauso fatal wäre eine zu starke Gewichtung der sozial-interaktiven Komponente, die etwa nur eine entspannte Lernatmosphäre ermöglichte, den Unterrichtsgegenstand, das zu Lernende aber vernachlässigte.

Entscheidungskriterium hat vielmehr immer die Grundfrage danach zu sein, ob die gewählten Methoden

1. geeignet sind, den Gegenstand selbst in seiner eigentlichen Struktur darzustellen
2. geeignet sind, sozialerzieherisch zur Weiterentwicklung von Schlüsselkompetenzen – wie z.B. Kooperationsfähigkeit – beizutragen
3. geeignet sind, um bei den Lernern selbst entsprechende Prozesse des Lernens herauszufordern oder zu ermöglichen. (vgl. Klafki 1996, S.131)

Auf diese Weise entsteht die Vorstellung, dass alles Lehren und Lernen ein gemeinsamer Interaktionsprozess ist, „in dem Lernende sich mit Unterstützung von Lehrenden zunehmend selbständiger Erkenntnisse und Erkenntnisformen, Urteils-, Wertungs- und Handlungsmöglichkeiten zur reflexiven und aktiven Auseinandersetzung mit ihrer historisch-gesellschaftlichen Wirklichkeit aneignen sollen..." (Klafki 1996, S.256)

Angesichts dieser weitreichenden Konsequenzen methodischer Entscheidungen favorisiert die Kritisch-konstruktive Didaktik methodisch das entdeckende, verstehende

Lernen an exemplarischen Themen und ordnet das primär reproduktive Übernehmen von Kenntnissen solchen Prozessen unter. Reine Stoffpräsentation oder Trainingsvorgänge sind in diesem Sinn nur dann didaktisch wie pädagogisch begründbar, wenn sie für den oben erwähnten Interaktionsprozess unerlässlich sind.

2.5 Medien

Die *Bildungstheoretische Didaktik* fasst die Frage nach dem Einsatz von Medien als Teilaspekt der methodischen Planung auf.

Vorgeschaltet ist grundsätzlich die didaktische Vorbereitung, in der die dem Gegenstand eigenen Strukturen und Relevanzen herausgearbeitet werden. KLAFKI betont sogar das zeitliche Nacheinander beider Planungsschritte:

> „Erst von der didaktischen Analyse eines geplanten Unterrichtsthemas aus kann der zweite Schritt der Vorbereitung vollzogen werden, die methodische Vorbereitung. Sie befaßt sich mit dem ‚Wie' des Unterrichts, genauer gesagt: mit der Frage, auf welchen Wegen die jeweiligen Kinder und der durch die didaktische Analyse in seiner pädagogischen Bedeutung und Struktur ermittelte Bildungsinhalt zu einer fruchtbaren Begegnung geführt werden können." (Klafki 1975, S.142)

In der *Bildungstheoretischen Didaktik* resultiert die Entscheidung über die einzusetzenden Medien immer aus der Frage danach, wie man den Unterrichtsgegenstand *lerngruppenadäquat veranschaulichen* könnte. Deswegen finden sich hier zwar prinzipielle Hinweise zum Einsatz von Medien, diese werden jedoch als methodische Ausdrucksformen und Hilfsmittel didaktischer Intentionen angesehen. Zu bedenken seien grundsätzlich:

„ 1. Die Gliederung des Unterrichts in Abschnitte oder Phasen oder Stufen.
2. Die Wahl der Unterrichts-, Arbeits-, Spiel-, Übungs-, Wiederholungsformen...
3. Der Einsatz von Hilfsmitteln (Lehr- bzw. Arbeitsmittel)
4. Die Sicherung der organisatorischen Voraussetzungen der Unterrichts." (Klafki 1975, S.143)

Die *Lerntheoretische Didaktik* widmet sich der Frage nach dem Einsatz von Medien im Unterricht in umfassender Weise; sie fasst diesen Aspekt wiederum als eigenständiges Entscheidungsfeld auf. Damit steht – so die Annahme – jedes Medium in enger Abhängigkeit von den anderen Entscheidungsfeldern. Im Bewusstsein der Polyvalenz eines jeden Mediums muss entsprechend stimmig über seine Verwendung entschieden werden:

> „So kann ein Lesebuch ohne weiteres vom Lehrer vor den Schülern gebraucht werden oder auch der selbständigen Beschäftigung der Schüler dienen." (Schulz 1965, S.35)

Dem *Hamburger Modell* gelten Medien (neben den Methoden) als Teil der Vermittlungsvariablen mit der Funktion der kommunikativen Handlungsmuster. Sie können dabei sowohl „einfach Hilfsmittel der Verständigung über Intentionen und Themen, Ausgangslagen und Erfolgskontrollen, über Bedingungen und Methoden des Vorgehens sein oder selbstlehrend, d.h. *Funktionen des Lehrers oder anderer Unterrichtsteilnehmer objektivierend.*" (Schulz 1991, S. 76)

Bezüglich ihrer Nutzung sind sie nicht isoliert, sondern in Abhängigkeit zu anderen Faktoren des Unterrichtsgeschehens aufzufassen und einzusetzen. Man habe- so Schulz- unter anderem darauf zu achten, dass wo immer möglich diejenigen Medien bevorzugt werden, die zur Selbstunterrichtung, zur kooperativen Problemlösung und zur Selbstkontrolle verhelfen. Außerdem sollte „die *Sprache* der Medien, wo sie nicht selbst Gegenstand ist, keine unnötigen Lernbarrieren" (Schulz 1991, S. 77) schaffen. Darüber hinaus müsse vor allem beim Umgang mit audiovisuellen Medien eine einseitig rezipierende Nutzung zu Gunsten einer produktiven eingedämmt werden.

In der *Kritisch-konstruktiven Didaktik* richtet sich die sechste Grundfrage des Modells auf die *Zugänglichkeit und Darstellbarkeit* des Unterrichtsthemas: Präsentationsformen und Medieneinsatz werden hier in einen Zusammenhang gesetzt, sie sollen im Verbund aufgefasst und gestaltet werden.

KLAFKI weist darauf hin, dass die verschiedensten Zugänge zum Thema denkbar sind und nennt beispielhaft „konkrete Handlungen, Spiele, Erkundungen, Rekonstruktionen oder Konstruktionen." (Klafki 1996, S.282) Diese auf den ersten Blick willkürliche Auswahl findet ihre Begründungs- und Entscheidungszusammenhänge immer in den Ergebnissen der zuvor durchlaufenen Bedingungsanalyse: es gilt, die Zugänge sowohl den „sozialisations-spezifischen" Bedürfnissen der Lernergruppe gemäß zu wählen, wie auch den „institutionellen Bedingungen des Unterrichts" (Klafki 1996, S.282) Rechnung zu tragen.

Dieselben Auswahlkriterien gelten für die einzusetzenden Medien, die zur Darstellung oder Verfremdung dienen sollen. KLAFKI nennt wiederum vom Lehrenden selbst fortzusetzende Beispiele wie Bilder, Modelle, Collagen, Filme usw. (Vgl. Klafki 1996)

Hauptanliegen der Kritisch-konstruktiven Didaktik ist dabei, dass Zugänge und Darstellungsformen den Lernenden erlauben, zwischen dem neuen Unterrichtsthema und ihren eigenen lebensweltlichen Kenntnissen und Erfahrungen motivational wirksame Bezüge herzustellen.

2.6 Phasierung

Will man ganz konkret an die Planung von Stunden gehen, braucht man nicht nur eine *didaktische* Modellgrundlage, sondern auch eine Vorstellung vom *methodischen* Gang einer Unterrichtsstunde. Auch dazu bedient man sich eines Modells, eines Stufen- oder Phasenmodells, damit folgende Fragen für den planenden Lehrer beantwortbar werden: Welche Arbeitsschritte sollen wie zueinander passen, gäbe es eine Reihenfolge, mit der man den Unterrichtsstoff einer Klasse näher bringen und ihn strukturiert zum Lernen anbieten könnte? Oder ganz konkret gedacht: Wie fange ich am besten an? Welche Leistungen verlange ich? Wie erreiche ich, dass die Schülerinnen und Schüler mitarbeiten? Wie plane ich die verfügbare Zeit? Was will ich am Ende der Stunde erreicht haben?

Konsequenterweise müssten nun an dieser Stelle verschiedene Varianten solcher Unterrichtsphasierungen gemäß der didaktischen Modelle folgen. Wie in der Einleitung betont, würde aber damit eine enorme Vielfalt präsentiert, die sich denjenigen, die erst beginnen, selbst Unterricht vorzubereiten und Stunden zu planen, erst sukzessiv erschließen kann. Die in Abschnitt 1.5.5 skizzierte Phasierung in der Konstruktivistischen Didaktik gibt dafür ein Beispiel.

Deshalb soll an dieser Stelle nur *ein* solches Modell der Phasierung vorgestellt werden, um erste eigene Unterrichtsvorhaben in ihrer Phasenhaftigkeit zu durchdenken und daraus Unterrichtsstunden zu erarbeiten. Im Abschnitt 3.7 dieses Lehrbuches werden wir also auch nur auf das hier vorgestellte Phasenmodell zurückgreifen.

In diesem Sinn liefert das Lehrbuch nur einen ersten Baustein eines noch aufzubauenden Repertoires von Unterrichtsmethoden: *Das* Phasen- oder Stufenmodell *des* Unterrichts existiert nicht! Vielmehr stehen in der Literatur – je nach didaktischer Orientierung und Zielbestimmung – zahlreiche Artikulationsschemata zur Verfügung.

Das im Folgenden vorgestellte Phasenmodell – und deshalb wird es im Lehrbuch verwendet – bildet die Grundlage des bis heute vielfach erteilten problemorientierten Unterrichts, der in der Schulpraxis als eine tradierte Standardform gilt.

Es war der Pädagoge HEINRICH ROTH, der, angeregt durch die amerikanische und schweizerische Entwicklungspsychologie, erstmals 1957 ein Phasenmodell für Lehr- und Lernprozesse vorlegte, das von der Annahme ausgeht, Lehren und Lernen seien stufenförmige Aktivitäten des Problemlösens.

Dafür nimmt ROTH drei Lernarten an, an die der Lehrende in jeder Phase des Unterrichts appellieren sollte:

- Das indirekte Lernen (Lernen als Rückwirkung von Handlungen)
- Das direkte Lernen (Lernen bei bewusster Lerneinstellung)
- Das Lernen durch Lehren (Lernschritte aufgrund von Anstößen durch den Lehrer) (Vgl. Roth 1957, S.245ff)

Für diesen hochkomplexen Vorgang nimmt ROTH sechs Stufen an, die im Folgenden erläutert werden sollen.

I. Stufe der Motivation
II. Stufe der Schwierigkeiten
III. Stufe der Lösung
IV. Stufe des Tuns und Ausführens
V. Stufe des Behaltens und Einübens
VI. Stufe des Bereitstellens, der Übertragung und der Integration des Gelernten (Vgl. Roth 1957, S.245ff)

-▷ Phasenmodell des Problemorientierten Lernens

I. Stufe der Motivation

Wie die Begriffswahl vermuten lässt, geht es zunächst darum, die Lernenden in ihrer eigenen Haltung zum Unterricht dazu zu bewegen, sich mit dem Angebotenen zu befassen, weil es Interesse weckt, weil es Fragen aufwirft, die man nicht sofort beantworten kann, weil es Widersprüche anregt, weil es kollidiert mit vermutetem oder bereits vorhandenem Wissen. Sich motivieren zu lassen, am Lernprozess teilzuhaben, ein eigenes Erkenntnisinteresse aufkommen zu lassen, sich einer Aufgabe zu stellen – diese Vorgänge soll der Lehrer bei den Schülerinnen und Schülern auf der ersten Stufe des Lernprozesses hervorrufen. Dazu muss er geeignete Präsentationsformen wählen, die den spezifischen Bedürfnissen der vorher beobachteten Lerngruppe so nahe wie möglich kommen. Auf diese Präsentationsformen wird in Abschnitt 3.8 des Lehrbuches noch eingegangen.

Die didaktische Kernfunktion dieser ersten Stufe ist am besten so zusammenzufassen: was gelernt werden soll, muss in seiner Relevanz für die Schülerinnen und Schüler erkennbar werden, damit „ein Lernwunsch erwacht“ und ein „Lernprozeß angestoßen“ wird, wie ROTH formuliert. (Roth 1957, S.245)

Um herauszufinden, mit welchen Mitteln und Anregungen man dies für möglichst viele Schülerinnen und Schüler bewerkstelligen kann, muss der Lehrer sowohl seine Kenntnisse der Pädagogik und der Psychologie als auch die Ergebnisse seiner eigenen Beobachtungen der Lerngruppe heranziehen: jede Klasse hätte so ein eigenes Bedürfnisprofil, spezifisch zu wählende Schwierigkeitsgrade, besondere Stärken oder Schwächen einzelner Lernender, die in die Entscheidungen über die Gestaltung dieser Stufe motivationswirksam einbezogen werden müssen.

II. Stufe der Schwierigkeiten

Ist über die Stufe I ein Anreiz geschaffen worden, soll es in dieser Phase darum gehen, dass die Lernenden an die Grenzen dessen stoßen, was sie bisher schon wissen: „Die Handlung gelingt nicht. Die zur Verfügung stehenden Verhaltens- und Leistungsformen reichen nicht aus, bzw. sind nicht mehr präsent. Ringen mit den Schwierigkeiten.“ (Roth 1957, S.246) Ausgehend von der Annahme, dass jeder Mensch angesichts der Konfrontation mit Neuem zunächst auf sein bereits vorhandenes Wissen und seine Erfahrungen zurückgreift, diesen Fundus je Anforderung umordnet, neu strukturiert oder ganz unkonventionell erprobt, soll hier das eigentliche Problemlösebedürfnis eines jeden Individuums aktiviert werden, damit Neues erlernt werden kann. Diese Annahme geht zurück auf den Begriff der „kognitiven Dissonanz“ des amerikanischen Psychologen LEON FESTINGER (vgl. Festinger 1957). Nicht umsonst betont ROTH die zentrale Bedeutung dieser Phase: ohne ihr Gelingen werden die anschließenden Phasen dieses Modells nicht durchlaufen: „Im natürlichen Ablaufprozeß des Lernens folgt nun entweder ein ‚Aus-dem-Felde-Gehen'...oder der Rückfall in primitive Lösungen...Der positive Fall ist der nächste (3.) Lernschritt...“ (Roth 1957, S.246)

Die didaktische Kernfunktion dieser Stufe liegt also darin, in den Lernern über die bewusste Grenzerfahrung ihrer schon vorhandenen Möglichkeiten kognitive Dissonanz zu erzeugen und damit die Notwendigkeit zu verdeutlichen, sich etwas Neues anzueignen.

Dabei wird von der Grundannahme ausgegangen, dass diese Grenzerfahrungen innerhalb des Unterrichts, anders als in „unbeabsichtigten, unbewußten" (Roth 1957, S.222) Lernvorgängen, von den Lernenden als provozierender Schub angenommen wird, sich dem zunächst vermeintlich Unlösbaren zu stellen, um sich (und auch anderen) zu bestätigen, dass man es eben doch zu bezwingen vermag.

III. Stufe der Lösung

In dieser Stufe vollzieht sich nun durch gerichtetes oder geleitetes Handeln wie auch durch verschiedene Erprobungen die eigentliche Erarbeitung der Problemstellung durch die Schülerinnen und Schüler. Man sollte sich vergegenwärtigen, dass es sich hier um alle nur erdenklichen Formen der Problemlösung handeln kann: in einer Biologiestunde wird eine Mikroskopbetrachtung angestellt und deren Ergebnisse werden notiert, eine sportliche Übung wird mit neuer Technik optimiert, ein fremdsprachlicher Text wird gelesen und interpretiert.

Während dieses Erarbeitungsprozesses stellen sich neue Lösungswege her, sie können angewendet oder verworfen werden, sie können gelingen und sich stabilisieren. Im Idealfall gewinnen die Schülerinnen und Schüler mit jedem Aspekt ihrer Selbsttätigkeit an der Problemstellung Sicherheit zur Bewältigung der Aufgabe. ROTH sieht diese Stufe als die wesentliche des gesamten Modells an, da sich in ihr der Übergang vom experimentierenden Tun zum einsichtsvollen Handeln vollzieht. (Vgl. Roth 1957, S.246)

Damit ist die didaktische Kernfunktion dieser Phase umrissen: es geht um die schrittweise selbst hergestellte Fähigkeit zur Bewältigung einer vorgegebenen Problematik. Innerhalb eines durchaus zeitlich, sachlich oder auch räumlich begrenzten Betätigungsfeldes sollen die Schülerinnen und Schüler an sie gestellte Anforderungen annehmen und Lösungen entwickeln. Diese Phase endet entweder mit der konsensuellen Benennung der Lösung(en) oder mit (einer) vom Lehrenden aufgezeigten Lösung(en).

IV. Stufe des Tuns und Ausführens

Sind in diesem Sinne Lösungen gefunden, sollen sie als solche bewusst gemacht werden. Während dies geschieht, lassen sich noch Details optimieren. Eine ganze Reihe von Bewährungsproben mit gelingenden oder auch nicht gelingenden Durchläufen werden durchgeführt. (Vgl. Roth 1957, S.247). Die neuen Lösungen werden als solche benannt und gewürdigt, das mag, je nach Komplexitätsgrad des Unterrichtsinhaltes, eine Kenntnis ihrer Begrenzungen einschließen.

Die didaktische Kernfunktion ist bereits durch die Bezeichnung selbst beschrieben: was erarbeitet wurde, soll sich in der Verwendung als sinnvoll und fördernd im Sinne eines Lernerfolges erweisen und als Ergebnis gewürdigt und verfügbar gemacht werden. Nur wenn erfolgreiches Handeln in seinem Gelingen bewusst gemacht wird, wird die Grundlage für Erkenntnisse gelegt.

Selbst wenn also ein neuer Lösungsweg schließlich doch nur eine vergleichsweise geringe Effizienz nach sich zöge, ist die Tatsache, dass hier etwas geschaffen wurde, für die Lernenden in ihrer Bedeutung zu würdigen.

V. Stufe des Behaltens und Einübens

Behalten und eingeübt wird das, was sich die Lernenden vorher in der beschriebenen Weise zu eigen gemacht haben. Intention ist hierbei einerseits die zunehmende Verselbständigung des Anwendens, etwa durch Loslösung von einer Textvorlage, durch individuelles Rekapitulieren und Memorieren und auch die Vernetzung mit schon vormals Angeeignetem. Im Kontext von reinen Trainings- oder Drillverfahren wird dieser Vorgang sogar manchmal als „Einschleifen" oder von ROTH selbst als „Automatisierung des Gelernten" (Roth 1957, S.247) bezeichnet, etwa wenn die Koordination von Handlungs- oder Bewegungsabläufen unter allen Umständen verinnerlicht werden muss.

Gleichwohl beansprucht diese Phase in ihrer didaktischen Kernfunktion einen zeitlichen, inhaltlichen wie auch organisatorischen Sicherungsraum des Unterrichtsgeschehens, in dem die Lernenden die Möglichkeit bekommen, sich das Gelernte selbst zur Verfügung stellen zu können; es soll bewusster Bestandteil ihres individuellen Vermögens werden.

VI. Stufe des Bereitstellens, der Übertragung und der Integration des Gelernten

Diese letzte Stufe markiert die didaktische Hauptintention aller unterrichtlichen und erzieherischen Bemühungen: was in der oben beschriebenen Weise mit Zeit und Mühe von beiden Seiten geschaffen wurde, soll sich in der Persönlichkeit jedes Schülers und jeder Schülerin verankern als emanzipatorisches Potential und sich bewähren in der Lebensführung der Lernenden. ROTH spricht hier von einem Assimilierungsvorgang des Neuerlernten in die Gesamtpersönlichkeit der Lernenden. Der Lehrer dürfe erst zufrieden sein, "wenn das Gelernte als neue Einsicht, Verhaltens- und Leistungsform mit der Persönlichkeit verwachsen" sei (Roth 1957, S.248). An dieser Stelle grenzt ROTH allerdings seine Reichweitenvorstellung von der Phasenhaftigkeit des Unterrichtungsvorganges selbst ein und betont, dass von einer gesetzmäßigen Abfolge nicht die Rede sein soll, sondern von einem ganz grundlegenden Schema, das die tatsächlich viel „unregelmäßigeren" (Roth 1957, S.248) Lernvorgänge nicht abbildet. Welcher Zeitbedarf und welche Wiederholungshäufigkeit etwa je Lernendem angesetzt werden müsste, bis diese Phase je individuell beendet zu nennen wäre, lässt sich ja – etwa übertragen auf eine einzelne Unterrichtsstunde – nicht benennen. Hier geht es also um all das, was sich im Transfer zwischen der Erkenntnisorientierung des Unterrichts und der lebensweltlichen Praxis je neu gestalten wird.

Gleichzeitig ist damit ausgedrückt, dass die Ergebnisstufe dieses Phasenmodells als offen bezeichnet werden muss, denn wie nun der Einzelne diesen Transfer angehen, sein Denken und Handeln steuern, sein Leben (um)gestalten wird, bleibt außerhalb des Einflusses von Lehrenden und der Institution Schule.

> Die didaktische Funktion dieser Phase zielt also auf die Folgen unterrichtlichen Geschehens ab. Wohl gemerkt geht es hier nicht um messbare Kategorien oder Bewährungsproben, sondern um die intendierten Quintessenzen eines Lehrangebotes, das sich im Ergebnis der Selbstgestaltung durch die Lernenden zeigen soll.

Transfer -> Ausblick auf nächste Stunde

Wir fassen zusammen: wer im Sinne dieses Phasenmodells unterrichtet, wird prinzipiell folgende Schritte initiieren:

1. Einen für die Lerngruppe motivierenden Lernanlass bieten.
2. Der Lerngruppe ihren momentanen Kenntnisstand bewusst machen und zeigen, welches Neue gelernt werden muss .
3. Die Problematik der Stunde / der Unterrichtseinheit nacherkunden und nacherproben und Lösungsansätze entwickeln lassen.
4. So gefundene, adäquate Lösungsansätze bewusst machen und deren Handhabung einüben.
5. Den Lernenden damit Problemlösestrategien an die Hand geben.

Auf die schulpraktische Umsetzung dieser Absichten richten sich die Abschnitte 3.1 - 3.10 des Lehrbuches.

2.7 Erfolgskontrolle

Wie schon verschiedentlich betont, geht es in der *Bildungstheoretischen Didaktik* immer um die Frage, inwieweit Unterricht prinzipiell dazu beiträgt, jeden Lernenden zu befähigen

„...sich in den verschiedenen Wirklichkeitsbereichen zurechtzufinden, auf ihn zukommende Anforderungen und Belastungen menschlich zu bestehen, ihm auferlegte Verantwortungen zu bewältigen, ihm sich öffnende freie Möglichkeiten wahrzunehmen." (Klafki 1975, S.102)

Dieser Anspruch wird sich, weist er doch weit in die individuelle Zukunft der Lernenden hinein, was den Bereich der Erfolgskontrolle angeht, kaum detailliert fassen lassen. Dieses didaktische Modell ist weniger auf die Messung einer Teilleistung im einzelnen Schulfach ausgerichtet, sondern auf einen Zusammenklang aller Fächer mit dem *pädagogischen* Resultat gelingender Persönlichkeitsbildung. Dazu soll jedes Fach – *fachdidaktisch* entsprechend begründet – seine Beiträge liefern; gemeinsames Instrument ist hierbei die schon erwähnte didaktische Analyse.

Die *Bildungstheoretische Didaktik* setzt demzufolge den Schwerpunkt immer auf Legitimationsfragen von Unterrichtsinhalten und -verfahren und weist die Frage danach, wie häufig etwa ein Vorgang geübt, eine Aufgabe wiederholt werden muss, oder wann eigentlich etwas als vom Schüler *gekonnt* bezeichnet würde, in den Bereich der Unterrichtsorganisation und damit in die individuelle methodische oder auch pädagogische Verantwortung des Lehrers.

Diese Auffassung hat der Bildungstheoretischen Didaktik, nicht zuletzt durch die Vertreter der Lerntheoretischen Didaktik, die Kritik eingetragen, dass so betriebene Schulbildung im ungünstigsten Fall folgenlos bliebe.

Die *Lerntheoretische Didaktik* misst der Erfolgskontrolle die Funktion vor allem der Selbstkontrolle des planenden Lehrers zu: mit dem „Prinzip der Kontrollierbarkeit" (vgl. S.29 des Lehrbuches) sei zu gewährleisten, dass sich ein Lehrer von der „Wirksamkeit der eigenen Aktivität" (Schulz 1965, S.45) überzeugt und sich damit vor der „Über- oder Unterschätzung seiner Möglichkeiten" (Schulz 1965, S.45) schützt. SCHULZ empfiehlt sogar, so unverzüglich wie möglich zu prüfen, ob die vorgenommene Strukturplanung sich im tatsächlichen Unterrichtsverlauf hat realisieren lassen:

„Man schreibe hinter jedem Lehrschritt auf, wieviele Minuten man für ihn zu benötigen glaubt, und notiere den tatsächlichen Zeitverbrauch. Man notiere die vermutete Zahl von Freiwilligen an einem wichtigen Scheidewege des Unterrichtsprozesses und vergleiche." (Schulz 1965, S.45)

Für das *Hamburger Modell* geht es bei der Erfolgskontrolle primär darum, zu rekapitulieren und zu reflektieren, wie die gemeinsam geplanten und gestalteten Unterrichtshandlungen in ihrem Verlauf und in ihrer Zielsetzung ge- oder auch misslungen sind.

Nicht punktuell abzufragendes Wissen soll getestet, sondern Produkt- und Prozessbewusstsein sollen damit geschaffen werden. Im Mittelpunkt steht dabei immer die Rückbesinnung auf die Ausgangslage *vor* Beginn des Unterrichts, die mit dem Erreichten abgeglichen werden soll, wozu stets auch prozessbegleitend Zwischenergebnisse berücksichtigt werden müssen. Gemeinsam sollen so- wenn auch für Lehrperson und Lerner in je unterschiedlicher Akzentuierung- „Lernfortschritt und Lehreffektivität" (Schulz 1991, S. 77) festgestellt und zum Anlass für Weiterentwicklungen genommen werden. Explizit spricht sich Schulz für diese Art der Qualitätssicherung aus und wendet sich damit gleichzeitig gegen die Bewertung durch Zensuren:

> „Der Zwang zur außenwirksamen klassifizierenden Zensur stellt eine dauerhafte Gefährdung des Vertrauensverhältnisses zwischen Lehrern und Schülern dar, der pädagogisch nicht gerechtfertigt werden, nur in seiner politischen Funktion gemeinsam politisch aufgearbeitet werden kann." (Schulz 1991, S. 77)

Nach den Vorstellungen der *Kritisch- konstruktiven Didaktik* ist grundsätzlich zu fragen:

> „Wie, an welchen erworbenen Fähigkeiten, welchen Erkenntnissen, welchen Handlungsformen, welchen ‚Leistungen' im weiteren Sinn des Wortes soll sich zeigen oder soll beurteilt werden, ob die angestrebten Lernprozesse bzw. Zwischenschritte als erfolgreich gelten können?" (Klafki 1996, S.280)

Im Kern geht es also keinesfalls darum, nach dem Ende eines Unterrichts in normierten Testverfahren Wissen abzufragen: es soll vielmehr sichergestellt werden, dass die gewählte Form der Erfolgskontrolle nach Art und Umfang qualitativ und quantitativ dem zu Lernenden entspricht. KLAFKI betont außerdem, dass Lernende auch selbst zunehmend an der Gestaltung der Erfolgskontrolle beteiligt werden sollen.

Bitte nutzen Sie nun das Lernprogramm auf der DVD!

3. Wie gehe ich systematisch vor?

In der Rückschau auf die vorgestellten Didaktiken ergibt sich natürlich die Erkenntnis, dass alle Modelle höchst unterschiedliche Schwerpunkte setzen. Für jeden, der in Orientierung an diesen Stand der Wissenschaft Unterricht konkret vorbereiten und planen möchte, ergibt sich die Frage, welchen Aspekten nun Rechnung zu tragen wäre.

In der Lehramtsausbildung haben – das sei hier betont – Elemente vieler Modelle gewissermaßen Konventionen geschaffen. In vielen schulpädagogischen Ratgebern finden sich Ablaufmodelle, nach denen man Unterrichtsvorbereitung und Stundenplanung vollziehen können soll.

Unabhängig von der Frage, ob Einzelstunden oder ganze Unterrichtseinheiten entstehen sollen, gilt immer:

> Der Lehrende ist grundsätzlich vor Unterrichtsbeginn mit dem gesamten Ablauf vertraut – erst dann wird es möglich sein, aktuell auf die Bedürfnisse der Lernergruppe einzugehen und ihretwegen auch vom Vorgeplanten abzurücken. Oder konkreter ausgedrückt: die Lehrperson kennt die Ergebnisse, die Schülerinnen und Schüler sollen sie erst kennen lernen.

Für den Anfang sollen auch in diesem Lehrbuch zehn Arbeitsschritte mit der Unterrichtsvorbereitung und Stundenplanung vertraut machen. Auf jeden Arbeitsschritt wird im Folgenden detailliert eingegangen, dabei kann selbstverständlich die Reihenfolge dieser Arbeitsschritte für das individuelle Vorgehen auch abgewandelt werden.

- A1: FACHWISSENSCHAFTLICHE GEGENSTANDSKENNTNIS

  Die Kenntnis der Sache selbst, aus der der Unterrichtsgegenstand entstehen soll

- A2: LEHRPLANLEKTÜRE

  Die Kenntnis der Lehrplanvorgaben

- A3: LERNGRUPPENBESCHREIBUNG

  Die Überlegungen zu den Lernvoraussetzungen, zum Kenntnisstand und den Fähigkeiten der Lerngruppe

- A4: DIDAKTISCHE ANALYSE

  Die didaktische Grundorientierung und die didaktischen Entscheidungen

- A5: THEMA DER STUNDE/ THEMEN DER UNTERRICHTSEINHEIT

  Die thematischen Schwerpunkte je Stunde bzw. Unterrichtseinheit

- A6: LERNZIELE

  Die angestrebten Ziele je Stunde bzw. Unterrichtseinheit

- A7: PHASIERUNG

  Die Phasen des Unterrichts

- A8: AKTIONS- UND SOZIALFORMEN

  Die Formen, in denen gearbeitet werden soll

- A9: MEDIEN UND MATERIALIEN

  Die Medien und Materialien, die zum Einsatz kommen sollen

- A10: ERFOLGSKONTROLLE

  Die Form der Leistungsmessung

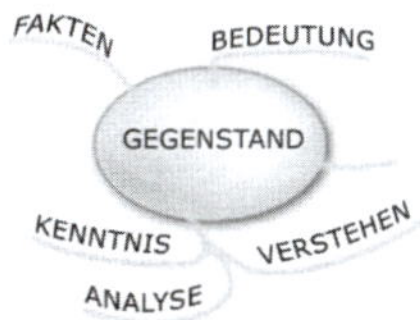

3.1 A1: Fachwissenschaftliche Gegenstandskenntnis

Dieser erste Schritt bemüht jeden Lehrenden zunächst als ausgebildeten Fachwissenschaftler: bevor also der Deutschlehrer eine Stunde vorbereitet und plant, wird er sich selbst seiner Sachkenntnis als Germanist zu vergewissern haben. Liest man ein Theaterstück mit einer Klasse, kennt man selbst detailgenau das Stück, seine Epoche, seinen Entstehungszusammenhang, den Autor, den Stand der literaturwissenschaftlichen Forschung. Führt man in ein neues Gebiet der Physik ein, kennt man das Phänomen, dessen Erklärungsansätze, Berechnungsweisen, Experimente, den entsprechenden Forschungsstand. Pointiert ausgedrückt heißt dies: was man lehren will, muss man selbst in höchstmöglicher Sicherheit kennen, verstehen und analysieren können, ganz unabhängig von der Frage, wie der sich daraus entstehende Unterricht gestalten lassen wird.

Beantworten sollte man sich etwa folgende Fragen:

- Welcher Gegenstand liegt mir vor?
- Welches sind seine Kernbestandteile?
- Welche Bedeutung hat er innerhalb seines Sachgebietes?

3.2 A2: Lehrplanlektüre

Jede Unterrichtsplanung fußt auf den jeweils geltenden Lehrplänen, Bildungsstandards oder auch entsprechenden Curricula der Schule: in diesen Vorgabenwerken finden sich aber nur die Verortungen und Grundlinien für Unterrichtsvorhaben, Aussagen über die konkrete Durchführung im Detail enthalten solche Pläne nicht. Ein ausgewähltes Unterrichtsthema muss sich in mindestens dreierlei Hinsicht mit solchen Vorgaben vereinbaren lassen:

- Es muss sich inhaltlich mit den geforderten Verbindlichkeiten verknüpfen lassen oder diese sogar direkt thematisieren.
- Es muss der dafür empfohlenen Altersstufe entsprechen.
- Es muss sich an den festgelegten Zielen des Unterrichts und den pädagogischen Ansprüchen orientieren.

3.3 A3: Lerngruppenbeschreibung

Der dritte Schritt ist pädagogisch-diagnostischer Art: es gilt zu klären, welche Aussagen sich über die Lerngruppe machen lassen, in der das Unterrichtsvorhaben stattfinden soll. In zahlreichen Werken der pädagogischen Psychologie finden sich dazu Anregungen, auch bei HEINRICH ROTH. (Vgl. Roth 1957)

Er empfiehlt, die Klasse fortlaufend zu beobachten und sich in etwa – grundsätzlich für jeden Lerner so individuell wie möglich – folgenden Aspekten zu widmen:

- den Äußerungen (Mimik, Gestik, Sprechweise, Stimme, Sprache, Schrift)
- dem Verhalten (im Unterricht, zur Arbeit, zu Gleichaltrigen, im Spiel...)
- dem Umweltbezug (soziale Herkunft, Freundeskreis, Aversionen)
- den Interessen (fachlich, schulisch, außerschulisch) → nicht bewerten!
- den Prüfungs- und Testergebnissen. (Vgl. Roth 1957, S.45ff.)

Selbstverständlich bergen solche Beobachtungen immer auch die Gefahr von Missverständnissen und sogar Fehlinterpretationen; aus diesem Grund muss jeder Lehrer seine Lerngruppe in regelmäßigen Abständen beobachten, um sowohl zu verdichteten Erkenntnissen wie auch zu Revisionen fähig zu sein. Selbstverständlich empfiehlt sich auch der Austausch solcher Beobachtungen im Klassenkollegium, um auch ganz persönliche Gründe für Missverständnisse zumindest tendenziell zu minimieren. ROTH weist darauf hin, dass jeder, der seine Lerngruppe beobachtet, sich vergegenwärtigen muss, dass die pädagogische Aufgabe, die zu dieser Beobachtung führt, darin liegt, für den einzelnen Schüler aufzuspüren, „wie er ist und welche Möglichkeiten noch in ihm verborgen liegen.“ (Roth 1957, S.44)

In diesem Sinne geht es hier also weniger um Messdaten, sondern vielmehr um eine kontinuierlich gepflegte Zusammenschau von Beobachtungen. Jede Unterrichtsvorbereitung und jede Stundenplanung geschehen ja für eine Lerngruppe und ihre spezifischen Bedürfnisse.

Beantwortet werden etwa folgende Fragen:

- Über welche Vorkenntnisse verfügen die Lernenden bereits, etwa aus vorangegangenem Unterricht?
- Welche Arbeitsformen sind schon bekannt/ vertraut, welche werden besonders geschätzt, welche nicht?
- Welche besonderen Aspekte bezüglich einzelner Lernender sind zu berücksichtigen?

3.4 A4: Didaktische Analyse

Die wesentlichen Anhaltspunkte für die Frage nach den Begründungszusammenhängen für den zu wählenden Anspruch an den Unterrichtsgegenstand hat Wolfgang Klafki in seinen beiden didaktischen Modellen vorgelegt. Im Kern geht es aus heutiger Sicht darum, Klarheit über die Relevanz des Stoffes, seine Angemessenheit und die damit verbundenen Absichten zu gewinnen, so dass sich folgende Fragen beantworten lassen sollten:

- Was können die Lernenden schon über den Gegenstand wissen?
- Was sollen sie an dem Gegenstand lernen und warum?
- Für welche weiteren Lernprozesse ist der Gegenstand grundlegend?

3.5 A5: Thema der Stunde / Themen der Unterrichtseinheit

Ist so das unterrichtsvorbereitende Fundament geschaffen, schließt sich die Konkretisierung der einzelnen Stunden an.

Die Festlegung des Stundenthemas hat mindestens zwei Funktionen: für den Lehrenden stellt es sicher, dass der Unterrichtsstoff stundenweise gegliedert und damit schulorganisatorischen und didaktischen Notwendigkeiten entsprechend sequenziert ist, für die Lernenden, die diese einzelnen Lernprozesse ja schrittweise durchlaufen werden, muss zur elementaren Orientierung je Stunde unbedingt deutlich werden, was inhaltlich vorgesehen ist.

- Man könnte also zu Stundenbeginn das Thema entweder explizit benennen oder es mit der Klasse herleiten.
- Man sollte transparent machen, welche Bedeutung das Thema im Gesamtzusammenhang hat.
- Man sollte versuchen, das Interesse der Lerngruppe zu wecken.

3.6 A6: Lernziele

Dieser Begriff soll verdeutlichen, dass man im Unterricht als Lehrender immer intentional handelt. Was im Unterricht geschieht, soll also Zielvorstellungen umsetzen, die für den Lehrenden immer vorab geklärt werden müssen. Lernziele werden in verschiedenen Bereichen des Lernens aufgestellt: es geht um kognitive (wissensbezogene), affektive (gefühls- und wertebezogene), psychomotorische (auf Fertigkeiten bezogene) und soziale Dimensionen, wie sie etwa in der Lerntheoretischen Didaktik oder dem Hamburger Modell aufgeführt sind. Wer seinen Unterricht vorbereitet und bis hin zur Formulierung von Zielen geplant hat, muss allerdings auch immer genügend Flexibilität und Akzeptanz für die dann konkret im Unterrichtsprozess von der Klasse erarbeiteten Ergebnisse bewahren, die gelegentlich sogar völlig vom ursprünglich Geplanten abweichen können, so dass der Lehrende sich ein Spektrum von Möglichkeiten offen halten muss, innerhalb dessen dann die Unterrichtsergebnisse herzustellen sind. Folgende Fragen sollten beantwortet werden:

- Welche Ergebnisse sind unabdingbar und müssen erreicht werden?
- Welche Varianten können gelten?
- Welches Minimum muss unbedingt gewährleistet sein?
- Was dürfte auch fehlen oder ersetzt werden?

Mindest-Standards

Dieser Teil der Unterrichtsvorbereitung wird es überhaupt erst ermöglichen, für eine gewisse Bandbreite Sorge zu tragen, innerhalb derer die Klasse Raum erhält für eigene Lösungswege oder ganz Neues.

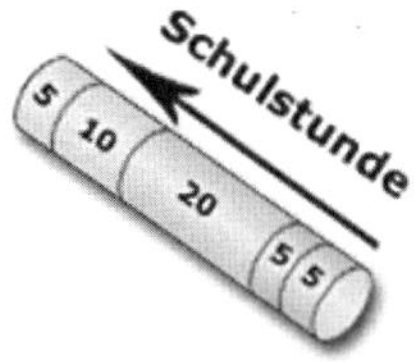

3.7 A7: Phasierung

Wie in Abschnitt 2.6 des Lehrbuches angemerkt, konzentriert sich das hier präsentierte Arbeitsprogramm zunächst nur auf ein Phasenmodell zur Artikulation des Unterrichts. Es handelt sich um eine für den Praxiszusammenhang vereinfachte Form des dort vorgestellten ROTH'schen Schemas mit den folgenden fünf Stufen:

- Einstieg/ Motivation
- Problematisierung
- Erarbeitung
- Sicherung und Auswertung
- Transfer

→ einziger Arbeitsschritt, der variiert ?!

→ Phasenmodell des Handlungsorientierten Lernens

3.7.1 Einstieg

An der bereits durch ROTH festgestellten Kernfunktion dieser Stufe wird festgehalten:

Was zu Beginn der Stunde vorgestellt wird, muss so gestaltet sein, dass man an eine möglichst hohe Bereitschaft der Lernenden anknüpfen kann, sich mit dem Gegenstand zu befassen.

Dem kann man nur Rechnung tragen, indem man sich im Rahmen der Lerngruppenbeschreibung (A3) die Lernbedürfnisse und -möglichkeiten der Klasse vergegenwärtigt hat. Je regelmäßiger und sorgfältiger man die Resultate eigener Lerngruppenbeobachtungen verarbeitet, umso breiter gefächert wird das Unterrichtsangebot zu Stundenbeginn gestaltet sein können. *Diese Stufe dient dazu, dass die Lernenden sich zuallererst dem Unterrichtsgegenstand unter Verwendung ihrer Vorkenntnisse zuwenden: Die methodische Gestaltung muss diese Option bieten.*

Man sollte sich vorstellen, mit welchen Ideen, Vermutungen und Denkansätzen die Klasse zu Stundenbeginn operieren könnte, und man sollte überlegen, welches bereits vorhandene Wissen sich abrufen ließe. Die Vorkenntnisse (etwa aus der vorangegangenen Stunde) der Lernenden sollten in den Stundenanfang eingebunden werden: je nach Inhaltlichkeit oder Position der Stunde in einer Einheit eröffnet sich so eine ganze Reihe von methodischen Gestaltungsvarianten, etwa hinsichtlich der zu wählenden Sozialform (A8) oder hinsichtlich der eingeplanten Unterrichtszeit.

3.7.2 Problematisierung

Wie bei Roth beschrieben, geht es um die Grenzerfahrung des eigenen Wissens oder Vermögens, fokussiert wird aber nicht das je intraindividuelle Problemlösungsbedürfnis der einzelnen Lerner. Vielmehr geht es hier um die Herstellung einer *gemeinsamen Plattform in Gestalt eines verbindlichen Arbeitsvorhabens für die gesamte Lerngruppe*:

Selbstverständlich bezieht man hier das in der Einstiegsphase Erreichte so weit wie möglich ein, es wird so aber zu einer didaktisch gestalteten Bündelung von Interessen kommen. Dabei werden – wie bereits von Roth konzediert – ganz sicher individuelle Schülerinteressen oder -lernwege sowohl berücksichtigt als auch vernachlässigt: der in dieser Form hergestellte didaktische Zusammenhalt geht über subjektives Tun oder Wollen immer hinaus. Schließlich wird in dieser Phase festgelegt, welcher Arbeitsauftrag erledigt werden soll.

An dieser Stelle des vereinfachten Phasenmodells liegt der Schwerpunkt darauf, das gemeinsame Vorhaben gründlich und geduldig so zu kommunizieren, dass die Grundlagen für die sich anschließende Erarbeitungsstufe gelegt werden: *alle Beteiligten müssen verstanden haben, welche Aufgabenstellung besteht und was zu tun sein wird.* Selbstverständlich betrifft das jede für diese Stufe zu wählende Sozialform des Unterrichts und auch jedwedes Thema. Konkreter beschrieben hieße das: sowohl das Austeilen eines Arbeitsbogens für eine sich anschließende Einzelarbeit als auch die Vergabe verschiedener Arbeitsaufträge für zuvor eingerichtete Kleingruppen in den Fächern Deutsch, Englisch, Musik, Physik.....wird im Sinne der hier vorgestellten Problematisierungsstufe erst dann abgeschlossen sein, wenn die Schülerinnen und Schüler ihren Arbeitsauftrag kennen und beginnen können!

3.7.3 Erarbeitung

In der Erarbeitungsstufe soll der Schwerpunkt allen Stundengeschehens in der Selbsttätigkeit der Lernenden liegen.

Unabhängig vom Thema und der gewählten Sozialform des Unterrichts ist dieser Aspekt zu beachten: Was hier verlangt wird, bedarf zur Verfügung gestellter Zeit, einer entsprechenden sachlichen und organisatorischen Ausstattung und der zurückhaltenden Hilfsbereitschaft des Lehrenden.

Um Erarbeitungsphasen einigermaßen schülergerecht dimensionieren zu können, müssen wiederum Ergebnisse der Lerngruppenbeobachtung (A3) herangezogen werden. Erkundet werden sollten Aspekte wie das ungefähre Schreibtempo der Lernenden, deren Zeitbedarf bezüglich bestimmter Quantitäten (wie viele Beispiele, wie viele Übungsaufgaben oder -durchgänge, wie viel Lesezeit...) oder auch deren Fertigkeitsgrad bestimmter Arbeitsformen (zuhören/ mitschreiben; abschreiben; Text selbst lesen...). Dimensionierungsfragen bestimmen an dieser Stelle einer Stunde in hohem Maße die methodischen Entscheidungen.

Die sachliche und organisatorische Ausstattung der Erarbeitungsphase betrifft einerseits die Mühe um eine Passung zwischen dem Arbeitsauftrag und den für seine Erledigung erforderlichen Mitteln, andererseits die dafür konsequentermaßen gewählte Sozialform des Unterrichts. Auf die Sozialformen des Unterrichts wird deswegen in Arbeitsschritt A8 im Detail eingegangen.

3.7.4 Sicherung und Auswertung

Was erarbeitet wurde, muss – ganz im Sinne ROTHs – in seiner Wertigkeit gewürdigt und als Ergebnis verfügbar gemacht werden, damit es behalten und verinnerlicht werden kann.

Mit diesem Aspekt ist freilich auf den ersten Blick nur mehr einer gewissen didaktischen Konsequenz Rechnung getragen. *Viel bedeutsamer ist aber die damit verbundene pädagogische Zielsetzung, dass, wenn Schülerinnen und Schüler regelmäßig im*

Unterricht Aufgaben erledigen, unter Umständen sogar dabei von ihren ganz individuellen Bedürfnissen absehen, dann unter allen Bedingungen zu gewährleisten ist, dass anschließend verlässlich und nachvollziehbar deutlich wird, was gelernt wurde und wie insgesamt das Ergebnis aller Mühen aussieht.

Alle Planungsüberlegungen sollten sich der Bedeutung dieser Phase bewusst sein, ansonsten bliebe aus der Sicht der Lernenden ja berechtigterweise immer der „Lohn der Mühe" aus. Für die Lehrperson selbst wäre es außerdem kaum je möglich, in aufeinander folgenden Unterrichtsstunden auf bereits Geschafftem aufzubauen oder, dessen Unvollständigkeit bemerkend, etwas zu wiederholen oder zu vertiefen. So gesicherte Unterrichtsergebnisse sollen sogar noch nach längerer Zeit abrufbar, mindestens jedoch wieder verfügbar sein! Anderenfalls könnten Sie keine Behaltensleistungen Ihrer Klasse beanspruchen.

3.7.5 Transfer

Diese optionale fünfte Stufe wird – da sie im Sinne der ROTH'schen „Stufe des Bereitstellens" die Lernenden auf *Übertragungswege* begleiten soll, die zum Zeitpunkt des Unterrichts möglicherweise nicht einmal in Gänze abzusehen sind – nicht in jeder Einzelstunde einer Unterrichtseinheit umzusetzen sein. Trotzdem sei sie an dieser Stelle erwähnt, damit zumindest deutlich wird, worum man sich grundsätzlich bemühen muss.

Der englische Begriff ***„Transfer"*** entstammt wie das ROTH'sche Phasenschema dem Bereich der Pädagogischen Psychologie und hat sich um die Frage konstituiert, wie sich früher Erlerntes zu nachfolgendem Lernen verhält.

Im Vordergrund steht dabei die Frage, wie Lernende im Sinne von Übungs- oder Lernübertragung sowohl inhaltlich als auch strukturell zu zunehmend komplexeren Lernniveaus gelangen können. *Man wünscht sich dabei die zunehmende Emanzipation vom eingeübten, gesicherten Lernweg hin zu einer eigenständigen, innovativen Verarbeitung von Kenntnissen oder Fertigkeiten und deren Weiterverwendung bezüglich anderer, ähnlich strukturierter Phänomene.*

Übertragen auf die hier vorgestellten Phasen einer Stunde hieße das: was am Ende der vorangegangenen Phase gesichert und gewürdigt wurde, stellt man nunmehr in einen neuen, vielleicht zunächst ganz fremden Kontext. Man zieht etwa ein weiteres Beispiel heran, dessen Passung auf den vormals sicheren Lernweg plötzlich wiederum an eine Grenze stößt. Die Lernenden müssen zweifeln, probieren, experimentieren, Methoden erproben – und trotzdem wird zunächst vieles oder alles in Frage stehen.

Die Intention eines solchen Transfers liegt darin, ganz so wie zu Beginn der Unterrichtsstunde im Sinne eines neuerlichen Einstieges wieder eine „kognitive Dissonanz" (vgl. S.81 des Lehrbuches) hervorzurufen, die unter Verwendung des vorab Erlernten auf Erkenntniszuwachs auf einem höheren Niveau ausgerichtet ist. Dadurch – so das Anliegen dieser Phase – würde man zum sich anschließenden Unterrichtsthema etwa der Folgestunde gelangen, in die dann wiederum „eingestiegen" würde, mit der „Motivation", sich über die Grenzen der gerade beendeten Unterrichtsstunde hinaus der nächsten zuzuwenden.

Konkreter ausgedrückt werden mit solchen Transfers – wenn sie denn gelingen – *Brücken zwischen einzelnen Unterrichtsstunden oder -themen gebaut, die den Lernenden Vernetzungspotentiale bieten sollen.* Mindestens jedoch geht es um die Idee der Verknüpfung von Unterrichtsstunden zu Unterrichtseinheiten mit dem Ziel, einer Klasse den Mitvollzug des Lernstoffes über einen längeren Zeitraum und bis zu einem gewissen Komplexitätsgrad zu ermöglichen.

3.8 A8: Aktions- und Sozialformen

In diesem Arbeitsschritt ist zu entscheiden, in welchen Formen sich die Lernenden mit dem Unterrichtsstoff auseinandersetzen sollen. Man stelle sich vor, dass jede Stunde den immer gleichen monotonen Ablauf hätte: der Lehrende begrüßt die Klasse, gibt ihr eine Aufgabe, wartet ab, bis jeder sie gelöst hat, bezeichnet die richtige(n) Lösung(en), Klingelzeichen, Stundenende...

Konkreter ausgedrückt, soll man sich vergegenwärtigen, dass weder mit dem gewählten Thema noch mit dessen Gestaltung in verschiedenen Phasen die Planung einer Unterrichtsstunde abgeschlossen wäre: zu klären sein wird auch, wie die Schülerinnen und Schüler selbst tätig werden sollen.

Ein erster Blick in diesen Bereich führt zurück in die Lerntheoretische Didaktik, in der WOLFGANG SCHULZ die Bedeutung dieses Teilbereiches der Stundenplanung hervorhebt. Die von ihm geordneten Begriffe gehören heute zum Standardrepertoire der Unterrichtsplanung, es lassen sich damit zahlreiche Grundformen von Stunden herstellen.

Direktes Agieren vs. Indirektes Agieren

Die folgenden Bemerkungen über die didaktischen Möglichkeiten und Grenzen dieser Formen sind keinesfalls auf Vollständigkeit ausgelegt, sie sollen erste Orientierungs- und Entscheidungshilfen für die Stundenplanung liefern.

Schulz unterscheidet die Begriffe *Sozialform* und *Aktionsform*:

Die ***Aktionsformen*** bezeichnen die „Weisen..., in denen der Lehrende agiert“ (Schulz 1965, S.33).

Die ***Sozialformen*** bezeichnen „das Verhältnis zwischen dem Lernen von etwas und dem Lernen mit anderen“ (Schulz 1965, S.32).

Über die Wahl der Aktionsform entscheidet der Lehrende, mit welchem Grad von Lenkung er sich der Lerngruppe zuwendet. Es werden zwei grundlegende Aktionsformen genannt, die auch miteinander kombiniert werden können:

- *Direktes Agieren:* der Lehrer wendet sich vortragend, fragend, etwas demonstrierend an die Lerngruppe.
- *Indirektes Agieren:* der Lehrer stellt Situationen her, „in denen er die Lernenden bewußt sich selbst überlässt“ (Schulz 1965, S.33), z.B. über schriftliche Anweisungen oder vorbereitetes Material wie Arbeitsblätter oder Experimente.

Besonders hervorgehoben werden soll in diesem Arbeitsprogramm zunächst nur der *Lehrervortrag*, die wohl direkteste Aktionsform für Lehrende.

Als frontale Vermittlungsweise führt der Lehrervortrag zu einem sehr hohen Grad an Lehrerlenkung: wenn ein Lehrer einer Lerngruppe etwas vorträgt, wird diese, unabhängig von der gewählten Form (Fachvortrag, Bericht, Schilderung, Erzählung...) dazu angehalten, diesem Vortrag rezipierend zu folgen. Es sind die vom Lehrer vorgegebenen gedanklichen Strukturen, in einem ganz eigenen Aufbau, mit einer spezifischen Präsentationsweise, die den Schülern zur Aufnahme angeboten werden. Demzufolge sind mit dieser Aktionsform folgende *Schülerleistungen* verbunden:

- Ein Lehrervortrag erfordert von den zuhörenden Schülern eine hohe Konzentration bei der Aufnahme und Speicherung des präsentierten Sach- oder Problemzusammenhanges;
- es müssen ihnen dazu Methoden der Verschriftlichung und Protokolltechniken vermittelt werden;
- im Anschluss an solchen einen Vortrag müssen die Schüler Gelegenheit zur verständnisorientierten Überarbeitung der aufgenommenen Wissensbestände erhalten.

Für den vortragenden *Lehrer* bedeutet dies:

- die Bereitstellung einer lerngruppenadäquaten Vortragstechnik mit entsprechender Klarheit, Überschaubarkeit und quantitativer Passung – dies im Rückgriff auf die o.g. Lerngruppenbeschreibung (A3)
- im Sinne der mehrkanaligen Aufnahmemöglichkeit die Bereitstellung von Hilfsmitteln wie ergänzende Bilder, Grafiken, Tabellen
- die Einhaltung eines lerngruppengerechten Vortragstempos
- die Steuerung von Pausen und Zwischenfragen im Sinne verbindlicher Abreden zum Umgang mit solchen Vorträgen.

Die didaktischen Grenzbereiche dieser Aktionsform sind darin zu sehen, dass

- grundsätzlich der vom Lehrer präsentierte Gedankengang niemals bei einer Lerngruppe auf uneingeschränktes sofortiges Verständnis wird stoßen können: was von dem Vorgetragenen wie aufgenommen wird, ist *intraindividuell* höchst verschieden;
- eine *interindividuelle* Verständigung ist während des Lehrervortrages nicht möglich, die Schüler können nicht miteinander kommunizieren, um eventuell auftretende Missverständnisse auszuräumen.

Unter diesen Bedingungen vermag ein Lehrervortrag u.a.

- zu *fokussieren* – der präsentierte Stoff erhält einen didaktisch gestalteten Rahmen, innerhalb dessen die Schüler gedanklich zielorientiert geführt werden;
- zu *ökonomisieren* – Zeit und Quantitäten sind innerhalb der oben bezeichneten Grenzen festlegbar.

Es sei hier darauf hingewiesen, dass diese Aktionsform sicherlich zur Darbietung von Wissensbeständen unerlässlicherweise von jedem Lehrenden beherrscht werden muss. Für sie gilt jedoch – wie für jede methodische Grundform – dass deren Anwendung wohldosiert geschehen muss. Jede methodische Monokultur muss für die Lernergruppe zu Überdruss und Langeweile führen, das gilt für diese Aktionsform in besonderem Maße.

Die Auflistung der ***Sozialformen*** umfasst vier Grundstrukturen; diese bilden die Grundlage für erste eigene Versuche der Stundenplanung.

- **Frontalunterricht** [UG] [LV] → Lehrervortrag
- **Partnerarbeit** [PA]
- **Gruppenarbeit** [GA]
- **Einzelarbeit** [EA] oder [STA]

3.8.1 Frontalunterricht

Diese Sozialform des Unterrichts bestimmt vor allem die Kommunikationsrichtung des Unterrichtsverlaufes: frontale Vermittlung heißt im Prinzip, dass alles zu Lernende aus einer Quelle kommt und dem Plenum der Lernergruppe zur Aufnahme dargeboten wird: die Schülerinnen und Schüler werden zu Rezipienten einer vom Lehrenden präsentierten didaktischen Inszenierung. Das muss nicht heißen, dass ein Lehrer nur Vorträge hält. Frontale Vermittlung kann auch geschehen durch einen Schülervortrag, eine auf dem OHP präsentierte Folie oder eine Filmvorführung: stets wird jedoch im Frontalunterricht dabei der gesamte Klassenverband angesprochen, alle Arbeitsschritte und Kommunikationsabläufe werden quasi zentral gelenkt.

Daraus ergeben sich verschiedene didaktische Potenziale, die dieser Form eigen sind:

- Frontalunterricht *bündelt* Fakten, sachliche Zusammenhänge, Problemstellungen, Wissensbestände, so dass eine thematische Grundrichtung dem Lehrer die Darstellung des Stoffes in den von ihm für relevant befundenen Aspekten ermöglicht;
- Frontalunterricht *konzentriert* so strukturierte Wissensbestände quantitativ wie didaktisch, so dass der Lehrende den begrenzten zur Verfügung stehenden Zeitvorrat durch seine Lenkung optimiert nutzen kann;

- Frontalunterricht *dimensioniert* das Unterrichtsgeschehen in den vom Lehrenden antizipierten Schritten: seine Anregungen oder Arbeitsanweisungen gelten für die gesamte Lerngruppe, die dem vorbereiteten Verlauf folgt.

Man kann sich vorstellen, dass diese Sozialform damit einige Anforderungen an den agierenden Lehrer stellt: er wird eine ganze Reihe von Fähigkeiten und Fertigkeiten einzusetzen haben, um die Klasse in dieser Form zur gemeinsamen Arbeit anzuleiten:

- ein Repertoire an Vortragsformen (Referieren, erzählen, schildern, vorlesen, vormachen) und damit verbunden an Präsentationstechniken,
- eine entsprechend bewusste sprachliche Steuerung, die der Auffassungsgabe der Lerngruppe Rechnung trägt,
- ein Höchstmaß an Konzentration auf die Reaktionen der Klasse, wenn auf das Präsentierte reagiert wird,
- verschiedene Techniken der Gesprächsführung, wenn das Präsentierte verarbeitet werden soll.

Gleichermaßen sollte man die didaktischen Grenzen dieser Sozialform des Unterrichts kennen, damit sie tatsächlich immer dann eingesetzt wird, wenn Unterrichtsgegenstand, didaktische Analyse und Lerngruppenanalyse dies sinnvoll erscheinen lassen:

- Frontalunterricht *fokussiert* das gesamte Geschehen auf die in der Regel vom Lehrenden vorgegebene Richtung; spontane Änderungen und individuelle Vorgehensweisen kommen in der Regel nicht zum Tragen.
- Frontalunterricht *kanalisiert* die Kommunikationsrichtung Lehrer – Schüler – Lehrer: kooperative, schülerinitiative Lernformen treten in den Hintergrund.
- Frontalunterricht *limitiert* damit das Aktionspotential der Schüler, die primär angehalten werden, dem Gang des Geschehens zu folgen und das darin Präsentierte aufzunehmen.

In diesen Möglichkeiten und Grenzen betrachtet, ist Frontalunterricht geeignet

- zur konzentrierten Darstellung von Wissensbeständen, deren Komplexität durch eigenständige Bearbeitung nicht erschlossen würde;
- zur Leistungsmessung im Bereich der mündlichen Beiträge, die im Unterrichtsverlauf abgegeben werden müssen;
- zur Einübung des Aufnehmens von Wissen.

3.8.2 Partnerarbeit

Die Partnerarbeit ist die Sozialform mit der kleinstmöglichen Gruppengröße, weshalb der Begriff „Partner" hier ganz charakteristisch aufzufassen ist als der *eines gleichwertigen Gegenübers*. Alles, was kooperative Sozialformen ausmacht, ist hierin schon angelegt: mit einem Partner zusammenarbeiten, heißt sich verständigen, arrangieren, abstimmen... und dies im Bewusstsein einer gemeinsamen Aufgabe, um deren Bewältigung es geht. Wer im Umgang mit einem Gegenüber sozial wie produktiv zu Ergebnissen gelangen kann, wird damit eine Basis für seine wachsende Teamfähigkeit legen können.

Deshalb auch hier einige Anmerkungen über die didaktischen Potentiale dieser Sozialform:

- Partnerarbeit *verbindet* den Fokus auf einen Sachverhalt mit dem auf einen anderen Menschen im Sinne gemeinsamer Arrangements.
- Partnerarbeit *ermöglicht* einen kooperativen Schutzraum, in dem die Schüler nach eigenen Wünschen und Vorstellungen agieren können, ohne gleich einer größeren plenaren „Öffentlichkeit" verpflichtet zu sein.
- Partnerarbeit *erzieht* zur gemeinsamen Planung, Arbeitsteilung und zur entsprechenden Verantwortung für das gemeinsam Geschaffene.

Die *Aufgabe des Lehrers* ist hier entsprechend konturiert, in der Partnerarbeit soll er

- die *Aufgabenstellung* didaktisch so gestalten, dass erfahrbar wird, wie unerlässlich für deren Bewältigung Kooperation ist: wenn man alles auch allein schaffen könnte, ist Partnerarbeit keine sinnvolle Perspektive;
- jede *störende Intervention vermeiden* und seine Aufgabe in der Beobachtung der Klasse sehen: es geht darum, dass die Schüler ihre Lösungswege suchen;
- *Hilfe gewähren*, wenn es fachlich oder auch im Miteinander Probleme gibt;
- *abwägen*, wann dafür didaktisch wie pädagogisch der geeignete Zeitpunkt ist: nicht jedes Hilfebegehren („Frau ... können Sie mal schnell gucken, wir kommen hier gar nicht weiter..."), auf das eingegangen wird, fördert die in dieser Sozialform angelegten Lernmöglichkeiten.

Damit richtet sich auch an dieser Stelle der Blick auf die didaktischen Grenzen der Partnerarbeit:

- Partnerarbeit *fokussiert* die Bearbeitung eines Sachverhaltes auf die Perspektiven und Möglichkeiten der agierenden Schüler, dies erfordert nicht nur eine entsprechende Flexibilität des zeitlichen Rahmens, sondern auch eine Akzeptanzbereitschaft für die Vielfältigkeit der Ergebnisse.
- Partnerarbeit *limitiert* dementsprechend die Interventions- und Lenkungsmöglichkeiten des Lehrers: die Regie der Aufgabenbearbeitung ist delegiert.
- Partnerarbeit *scheitert*, wenn entweder nur eine einseitige die Konzentration auf Sachfragen das partnerschaftliche Miteinander ignoriert oder umgekehrt die soziale Interaktion beider Beteiligten jede sachbezogene Kooperation unmöglich macht.

Das Profil dieser Sozialform eröffnet in etwa folgende Anwendungsbereiche:

- Erarbeitung von Teilbereichen eines schon eingeführten Unterrichtsthemas
- Vertiefung bereits gesicherter Erkenntnisse
- Übung und Anwendung

3.8.3 Gruppenarbeit

Im Unterschied zur Partnerarbeit geht es angesichts einer höheren Mitgliederzahl (in der Regel 3-4) in dieser Form um hochkomplexe Vorgänge, die Produktivität und Sozialität im gemeinsamen Arbeitsprozess verknüpfen. Die erzieherische Forderung nach Kooperations-, Kommunikations- und Teamfähigkeit markiert die Quintessenz dessen, was diese Sozialform zum unerlässlichen Bestandteil eines didaktischen Standardrepertoires hat werden lassen.

Demgemäß sind die folgenden didaktischen Potentiale dieser Form festzuhalten:

- Gruppenarbeit *dezentralisiert* die Erarbeitung von Unterrichtsinhalten in einen Verbund von selbständigen und selbstverantwortlichen Teams.
- Gruppenarbeit *delegiert* Teile einer gemeinsamen Aufgabenstellung oder verschiedene Aufgaben zeitweise in deren eigenständige Durchführung.
- Gruppenarbeit *restrukturiert* das je individuelle Wissen/ Vermögen der einzelnen Gruppenmitglieder per Konsens oder auch Dissens.

Für den Lehrer heißt dies vor allem, dass er von der Position des lenkenden Wissensvermittlers in die des *Moderators* wechselt, der sein Unterrichtshandeln darauf ausrichtet, die Gruppenarbeit zu beobachten und nur dort zu intervenieren, wo massive Probleme auftreten. Im Rahmen dieser didaktischen Verantwortung hat er die zur Gruppenarbeit erforderlichen Rahmenbedingungen zu schaffen (Aufgabenstellung, Einteilung der Gruppen, Materialbeschaffung, räumliche Ausstattung...) und vor allem dafür zu sorgen, dass anschließend die Ergebnisse der Schülerarbeit gewürdigt, der gesamten Klasse zugänglich gemacht und ausgewertet werden. Er soll – wissend, dass erfolgreiche Kleingruppenarbeit von den Schülern erlernt werden muss –

- die Schüler zur Selbsttätigkeit veranlassen und ermutigen, dazu Arbeitshilfen bereitstellen – nicht jedoch intervenierend anleiten;
- dementsprechend offen sein für alle von den Schülern selbst eingeschlagenen Lernwege, ohne dass dabei das Ziel aus dem Augenmerk gerät;
- eine Lern- und Reflexionskultur bezüglich der gemeinsam erreichten Ergebnisse etablieren und pflegen.

Die *didaktischen Grenzen* dieser Arbeitsform sind zunächst markiert durch den ihr eigenen Zeitbedarf: wenn durch Kleingruppenarbeit die Schüler ihre ganz eigenen Mittel und Wege zur Bearbeitung einer Aufgabenstellung finden und nutzen sollen, betont man zuerst den Lern*prozess* und dann das Lern*resultat*. Entsprechend breit muss – ganz ähnlich wie bezüglich der Partnerarbeit – die Plattform der zu akzeptierenden Resultate ausgestaltet sein:

- Gruppenarbeit generiert Ergebnisplateaus, nicht jedoch linear antizipierbare Resultate.
- Gruppenarbeit kollabiert unter denselben Bedingungen wie Partnerarbeit; die o.g. Polarisierungen können nicht zuletzt angesichts der höheren Mitgliederzahl verschärft auftreten.

Gruppenarbeit ist daher u.a. dazu geeignet

- entweder innerhalb eines Unterrichtsvorhabens Teilbereiche in die Selbsttätigkeit und
- -organisation durch Schüler zu transferieren
- oder – bei entsprechenden Rahmenbedingungen – sogar das gesamte Vorhaben
- zu erkunden, zu entdecken, zu spekulieren, zu experimentieren, etwa um sich auf etwas Neues einzustimmen.

3.8.4 Einzelarbeit

Einzelarbeit macht den einzelnen Schüler zum Mittelpunkt seiner selbst: es geht in dieser Sozialform um ihn *allein*, um seine Kenntnisse und Fähigkeiten. Was immer inhaltlich gefordert wird, beansprucht eine Bündelung dessen, was der Betreffende insgesamt für sich zur Verfügung hat, weshalb Einzelarbeit einen Schwerpunkt auch im Bereich der messbaren Einzelleistung setzt. Einzelarbeit schließt kooperatives Miteinander aus, das in ihr individuell und eigenständig Geschaffene müsste einem Publikum immer vom Produzenten selbst präsentiert werden.

Diese Sozialform

- *komprimiert* Unterrichtsstoffe zur punktuellen Bearbeitung durch einen Schüler,
- ist daher *konzentriert* auf dessen ureigene Bearbeitungsstrategien, wie sie ad hoc abrufbar sind. Störungen/ Ablenkungen durch andere werden minimiert.
- *limitiert* damit den Aktionsradius der Lernenden bei der Lösung einer Aufgabe auf die Interaktion mit dem Lehrer.

Wird Einzelarbeit als Sozialform gewählt, so muss der *Lehrer* alle pädagogischen und didaktischen Mittel einsetzen, um die Lerner dazu überhaupt zu befähigen. Das heißt mindestens, dass ihm die Bedürfnisse und Möglichkeiten der Lerngruppe so individuell wie möglich bekannt sein müssen; dazu liefert die o.g. fortwährend betriebene Lerngruppenbeschreibung (A3) die unerlässlichen Informationen. Da nicht davon auszugehen ist, dass ein einziger methodischer Zugriff auf die Aufgabenstellung die Lernbedürfnisse und –fähigkeiten aller Lernenden berücksichtigt, kann es sinnvoll sein, hier variable Arbeitsmöglichkeiten zu schaffen. Für jeden einzelnen könnte es z.B. Pflicht- und Wahlaufgaben geben, die Anzahl von Übungsdurchgängen könnte verschiedenen Leistungsprofilen der Lerner angepasst werden, Zusatzangebote könnten besonders Begabte vertieft beschäftigen.

Der Lehrer wird also dafür Sorge tragen, dass

- Anspruchsniveau und Aufgabendichte auf das Leistungsvermögen der Lerner zugeschnitten sind,
- Zeit- und Raumbedingungen so optimiert werden, dass konzentriert gearbeitet werden kann,
- Interventionen seinerseits minimiert bleiben und Hilfe erst dann geleistet wird, wenn ohne sie der Lerner nicht weiterkommt,

- Sicherung, Bündelung und Auswertung der Arbeitsergebnisse für die Klasse sichergestellt sind,
- Bewertungstransparenz gewährleistet ist.

Besonders der letzte Aspekt sei betont: wenn phasenweise jeder Schüler allein arbeitet, sich den Anforderungen mit all seinen Möglichkeiten stellt, dann muss anschließend die Vergewisserung über das Erreichte gewährleistet sein. Warum sollte ein Lerner sich anstrengen, wenn anschließend all die Mühe nicht gewürdigt wird, man selbst nicht weiß, wie man im Vergleich zu anderen etwas geschafft/ nicht geschafft hat? Dieses didaktische Gebot beinhaltet gleichermaßen pädagogische Perspektiven: Einzelarbeit muss als sinntragendes Element des Unterrichts auffassbar sein, dementsprechend verlässlich hat der lernkulturelle Rahmen im Sinne von Vergleich, Austausch oder auch Polarisierung zu sein. Es werden Leistungsunterschiede wahrnehmbar, sie gilt es gleichermaßen zu akzeptieren wie auch Weiterentwicklungen mit zu vollziehen.

Die zu beachtenden Grenzen dieser Sozialform ergeben sich vor allem aus dem Letztgenannten:

- Einzelarbeit *separiert* die Lerner voneinander, sie sind auf sich allein gestellt.
- *Gleichzeitig* besteht aber eine *hohe individuelle Leistungsanforderung*, für die generell gilt, dass sich ein Vergleich anschließen wird.

Für den Lehrer ist eingedenk dieser Tatsachen vor allem durch Einzelarbeit ein Einblick in die Kenntnis- und Fähigkeitsprofile der Lernenden möglich. Wissensvermittlung in der Schule schließt die Leistungsmessung ein, weshalb der Fokus vor allem auf diesem Bereich liegen sollte – dies sollte ein Lehrer seiner Lerngruppe glaubhaft transparent machen. Einzelarbeit ist kein Druckmittel, mit dem der Lehrer andere pädagogische Probleme aus dem Weg schaffen könnte. Mehr noch: einmal so missbraucht, verliert sie ihre wesentliche Gestaltungskraft für folgende Bereiche:

- Einzelarbeit bündelt Wissensbestände der Lerner und macht sie dadurch spürbar, verfügbar und (hoffentlich) abrufbar.
- Einzelarbeit ist dementsprechend für alle didaktischen Situationen angemessen, in denen es darum geht, individuell einer Problematik oder einem Sachverhalt zu begegnen – wer sich diesem Vorgang stellt, erfährt Wesentliches über sich selbst durch sich selbst.
- Einzelarbeit kann – gerät sie an ihre Grenzen – das Bewusstsein für die Balance zwischen Eigeninitiative und Zusammenarbeit schärfen.

3.9 A9: Medien und Materialien

Sind die methodischen Grundüberlegungen angestellt, geht es in diesem Arbeitsschritt darum, festzulegen, in welcher Weise Stoff und Thema den Lernenden präsentiert werden sollen. Die Auswahl der Medien und Materialien ist dabei nicht nur von motivationaler Bedeutung, sondern sie ist ebenso methodisches Instrument. So müssen die Unterrichtsphasierung (vgl. A7), die gewählten Arbeitsformen (vgl. A8) und die mediale/ materiale Präsentation in einem stimmigen didaktischen Konzept kombiniert werden.

Grundsätzlich kann man zunächst überlegen, ob *Medien und Materialien als Lehrmittel oder als Lernmittel* eingesetzt werden sollen: WOLFGANG SCHULZ hat im Rahmen des Hamburger Modells ein plastisches Beispiel vorgelegt:

> „Wenn ein Lehrer bei der Beschreibung der Weltumsegelung des Magellan an den Globus tritt, um zu zeigen, wie polnah im Vergleich etwa zu Südafrika diese Wasserstraße ist, dann benutzt er den Globus als Lehrmittel. Wenn die Schüler im Atlas ihre Weltkarte aufschlagen, um den Vergleich nachzuvollziehen, dann benutzen sie diese Karte als Lernmittel im herkömmlichen Verständnis.“ (Schulz 1981, S.123)

Schon diese einfache Unterscheidung zeigt, wie eng verbunden die Arbeitsschritte 7, 8 und 9 sind. Der Lehrer aus diesem Beispiel hat im ersten Fall die frontale Vortragsform gewählt, er unterstützt diese Aktionsform mit dem Globus, der ihm als *Hilfsmittel der Verständigung* (Schulz 1981) dient. Im zweiten Fall könnten Einzel-, Partner- oder auch Gruppenarbeit angesetzt sein, die Schüler erarbeiten sich die Ergebnisse selbst mit dem Lernmittel der Weltkarte. Auch hier sind die Atlanten Hilfsmittel der Verständigung, denn ohne dieses Medium gäbe es ja keine Möglichkeit, die Weltumsegelung nachzuvollziehen oder zu beschreiben. Vergleicht man die zu erwartenden Ergebnisse, wird aber deutlich, dass sich bei gleichem Thema höchst unterschiedliche Sicherungs- und Auswertungsphasen anschließen müssen. Im ersten Fall wird man nachfragen müssen, ob alles aufgefasst und behalten wurde, im zweiten wird eine größere Menge von Einzelergebnissen zusammenzuführen sein.

Medien und Materialien können aber – so SCHULZ – auch eingesetzt werden, um an Stelle des/ der Lehrenden die Funktion der Übermittlung zu übernehmen. Zeigte man über die Weltumsegelung etwa einen Film, so übertrüge sich die *Referentenfunktion des Lehrers* (Schulz 1981, S.123) auf dieses Medium. Auch hier würde sich dann eine andere Sicherungsphase anschließen müssen, um die Ergebnisse zu bündeln.

Um in diesem Arbeitsschritt zu Entscheidungen zu kommen, empfiehlt SCHULZ eine Checkliste (Schulz 1981, S.124); beantworten Sie sich in etwa folgende Fragen:

- Auf welche Weise präsentiert das Medium/ Material das Thema? Ist es Anschauung/ Muster, Abbildung, Symbol? Welchen Abstraktionsgrad weist es auf?
- Welche Präsentationsart entspricht am besten den in Arbeitsschritt 4 und 6 festgelegten Zielen?
- Welche Fähigkeiten und Fertigkeiten setzt das Medium/ Material bei den Lernenden (Arbeitsschritt 3) voraus?
- Welche Arbeitsschritte ergeben sich aus der Nutzung des Mediums/ Materials?
- Welche technischen und organisatorischen Maßnahmen sind zu treffen?

3.10 A10: Erfolgskontrolle

Schließlich bleibt festzulegen, wie nach der Durchführung einer Stunde oder einer Unterrichtseinheit überprüft wird, ob Stoff und Thema in der intendierten Zielsetzung bei den Lernenden angekommen sind. Für den Lehrer ist zu klären, inwieweit der Unterricht das zu Lernende tatsächlich hervorgebracht hat und welche Veränderungen sich am Leistungsstand der Klasse feststellen lassen; die Lernenden wollen wissen, ob ihre Ergebnisse richtig und ihre Leistungen angemessen sind.

Natürlich wird nicht immer jeder einzelne Lernerfolg unmittelbar im Anschluss messbar sein können: Lernen ist und bleibt ein individueller Vorgang im Menschen selbst – entsprechend unterschiedlich bleibt beispielsweise die Zeit, die der Einzelne braucht, um Sachverhalte zu verstehen.

Trotzdem bedürfen Unterrichtsprozesse der Rekapitulation und Reflexion, zumindest, um bei den Lernenden das Bewusstsein zu schaffen, dass ihre Bemühungen realisiert und gewürdigt werden.

In welcher Form auch immer das Gelernte überprüft wird: durch Befragen, Tests, schriftliche Übungsformen oder kreative Verfahren – es bleibt für diesen Arbeitsschritt zu betonen, dass es eine didaktische Stimmigkeit geben muss zwischen dem abgelaufenen Unterricht und der Art der Erfolgskontrolle. Anders formuliert: wer in einer Unterrichtseinheit in kreativen Verfahren Märchen hat erzählen und schreiben lassen, kann nicht im Anschluss eine Textinterpretation nach festgelegten Fragen als Erfolgskontrolle bemühen. Was inhaltlich aufgenommen und arbeitstechnisch geübt wurde, muss nach Art und Beschaffenheit wiedererkennbar in der Erfolgskontrolle sein, damit diese gelingen kann. Die folgende Übersicht gibt Ihnen dazu Anregungen:

Sozialform	Didaktisches Potential	Mögliche Formen der Erfolgskontrolle
• Frontalunterricht	• Wissensbestände bündeln • Inhalte fokussieren • Fakten ordnen	• Protokoll • Schülervortrag • Test...
• Einzelarbeit	• individuell separieren • individuell konzentrieren • dokumentieren	• Portfolio /individuelles Lerntagebuch • Facharbeit • Test...
• Partnerarbeit	• kooperieren • koordinieren • präsentieren	• Dokumentation der gemeinsamen Arbeit • Präsentation der Arbeitsergebnisse...
• Gruppenarbeit	• dezentralisieren • delegieren • (re)strukturieren	• Dokumentation des Verlaufs (Aufgabe, Arbeitsteilung...) • gegenseitige Bewertung der • gemeinsamen Arbeit (feedback) • Präsentation der Arbeitsergebnisse • a) im Unterricht • b) in Form einer Ausstellung • c) auf der Schulhomepage ...

Tabelle 5: Übersicht über mögliche Formen der Erfolgskontrolle.

Bitte nutzen Sie nun das Lernprogramm auf der DVD!

4. Wie schreibe ich Stundenentwürfe?

Hielte man nun alle Überlegungen und Entscheidungen bezüglich der zehn Arbeitsschritte schriftlich fest, entstünde daraus ein ausführlicher Stundenentwurf, auch als „Große Unterrichtsvorbereitung“ bezeichnet.

Solche Texte werden in der Regel im Zusammenhang mit Prüfungen in der schulischen Praxis von Lehrkräften in Ausbildung oder auch als universitäre Seminarleistungen verlangt. Sie sollen dokumentieren, dass unterrichtliche Entscheidungen nicht einseitig im Sinne einfacher Machbarkeitsmutmaßungen gefällt werden, sondern immer Resultat professioneller didaktischer und pädagogischer Abwägungen sind.

Aus diesem Grund gibt es durchaus verschiedene Konventionen der Verschriftlichung: Unterschiede resultieren aus fachdidaktischen oder auch methodischen Präferenzen, außerdem variieren die Formen je nach Kontext.

„Große Unterrichtsvorbereitungen“ dienen grundsätzlich dazu, dem Lehrenden selbst oder auch Außenstehenden einen Einblick in eine Unterrichtsstunde oder einen Überblick über das gesamte Unterrichtsvorhaben zu geben. Sie werden geschrieben, um in der schulischen Praxis Hospitation, Supervision oder Examinierung zu begleiten oder um im universitären Arbeitszusammenhang didaktisches und pädagogisches Professionswissen zu erlangen.

Vor allem jedoch schulen schriftliche Unterrichtsentwürfe grundsätzlich die eigene Planungskompetenz: wer in einem späteren Berufsleben als Lehrer wöchentlich bis zu 24 Unterrichtsstunden in mehreren Lerngruppen mindestens zweier Unterrichtsfächer erteilen wird, *muss prinzipiell im Sinne solcher Überlegungen handeln können*. Ansonsten liefe man Gefahr, gänzlich unstrukturiert Einzelstunde auf Einzelstunde provisorisch und vor allem ohne jede unterrichtliche Konsekutivität durchzuführen. Fehlt diese, leidet jedoch nicht nur die Unterrichtsqualität aus der Perspektive der Lernenden. Konkreter ausgedrückt heißt das: Wer keinen Überblick über seine Unterrichtseinheiten und Lerngruppen hat, kann darüber auch nicht mit Kollegen, Schulleitungen oder Eltern kommunizieren. Eine solche Verständigung ist aber nicht nur kollegiale Selbstverständlichkeit, sondern vor allem auch eine Notwendigkeit innerhalb der Institution Schule. Unterricht ist, so betrachtet, ein öffentliches gesellschaftliches Anliegen, das dem Gebot der Transparenz folgen können muss. So erklärt sich auch, dass sich je nach Verwendungszusammenhang die Verschriftlichungskonventionen regelmäßig ändern: zwei Beispiele für die „Große Unterrichtsvorbereitung“, wie sie derzeit in etwa für Lehrkräfte in Ausbildung in der schulischen Praxis üblich ist, finden sich im gleichnamigen Kapitel des Lernprogramms.

Natürlich wird man nicht durchweg – schon aus Gründen der zeitlichen Ökonomie – so umfassend den Unterricht in schriftlicher Form vorbereiten können. Auf dem Weg in die eigene professionelle Routinebildung wird jeder selbst die verschiedensten Kurzformen zu entwickeln haben. Besonders in dieser Hinsicht ist noch ein weiterer Aspekt zu berücksichtigen: jede schriftliche Unterrichtsvorbereitung – auch in der kürzesten Form – bildet sukzessive einen Fundus für die Lehrperson selbst! Hat sich beispielsweise eine Unterrichtseinheit bewährt, wird man auf sie zurückgreifen, sie variieren, sie optimieren können. Und: wer in dieser Weise die eigene didaktische Entwicklung dokumentieren kann, wird im Sinne der Selbstreflexion Stärken und Schwächen der eigenen Unterrichtstätigkeit wahrnehmen, Fortbildungsaktivität entwickeln, innovationsfähig sein.

In diesem Sinn würde ein kürzerer Entwurf sich beispielsweise auf einige Arbeitsschritte beschränken oder auch mehrere verknüpfen:

- A2- Lehrplanlektüre
- A3- Lerngruppenbeschreibung
- A4/ A7/ A8/ A9- Didaktisch- methodische Überlegungen und Entscheidungen
- A6- Lernziele

Die hier gezeigte Kurzform enthält den Arbeitsschritt 1 „Fachwissenschaftliche Gegenstandskenntnis“ nicht mehr, sie wird also nur dann Verwendung finden können, wenn diese beim jeweiligen Leser, z.B. einem Fachkollegen, vorausgesetzt werden darf. Außerdem verbindet diese Form vier je durchaus komplexe Arbeitsschritte unter einem Aspekt, eine gängige Variante berufserfahrener Routiniers.

Wenn man solche Formen wählt, ist es für ein Verständnis des Unterrichtsvorhabens wichtig, den gesamten Verlauf in einer Übersicht verfügbar zu machen – und zwar in sogenannten Stundenverlaufsrastern. Diese Übersicht ersetzt zwar nicht die fehlenden Arbeitsschritte, ermöglicht aber zumindest den unmittelbaren Nachvollzug des geplanten Stundenverlaufes.

Aus diesem Grund werden solche Raster auch als kürzeste Form der Verständigung über geplante Stundenverläufe verwendet, etwa wenn ein Lehrer mehrere Stunden in Folge erteilen muss.

Auch für Stundenverlaufsraster gibt es verschiedene schriftliche Konventionen; zwei Beispiele hierfür finden sich im Lernprogramm.

Für die ersten eigenen Planungsversuche schlagen wir als Muster das folgende Raster vor:

Zeit	Phase	(Geplantes) Lehrerverhalten	(Erwartetes) Schülerverhalten	Sozialform	Medien

Tabelle 6: Stundenverlaufsraster für erste eigene Planungsversuche.

Die sechs Spalten sollen dazu dienen, die strukturtragenden Ebenen des Unterrichts in einem organisatorischen Überblick abzubilden, der nicht nur Außenstehenden zeigt, wie der Unterricht angelegt ist, sondern auch ganz unmittelbar für denjenigen von Nutzen ist, der den geplanten Stundenverlauf tatsächlich umsetzt.

In der Spalte „Zeit" ist abzuklären, welchen zeitlichen Spielraum jede einzelne geplante Aktivität in der Gesamtzeit der Stunde oder der Unterrichtseinheit zur Verfügung gestellt bekommt.

In Anlehnung an den Arbeitsschritt 7 des Kapitels 3 sind in der Spalte „Phase" die dort aufgeführten Unterrichtsabschnitte

- Einstieg/ Motivation
- Problematisierung
- Erarbeitung
- Sicherung und Auswertung
- Transfer

einzuordnen, auf die wir uns aus genannten Gründen (vgl. Kap. 2.6 und 3.7 des Lehrbuches) zunächst beschränken. Wir möchten auch hier allerdings betonen, dass in anderen Unterrichtsarrangements in dieser Spalte auch andere Stufungen aufgeführt werden können.

Die Spalte „(Geplantes) Lehrerverhalten" legt die Aktionen der Lehrperson fest, und zwar in Form kürzester Aussagesätze, z.B.: „L teilt ein AB aus, erklärt den SuS die Aufgabenstellung".

Mit der Spalte „(Erwartetes) Schülerverhalten“ ist angedeutet, dass hier natürlich nur antizipiert werden kann, welche Aktivitäten in diesem Kontext erwünscht wären. Trotzdem schließt jede Unterrichtsplanung diesen Aspekt ein, damit zumindest die didaktischen und pädagogischen Ansprüche der Lehrperson dargelegt sind, gerade weil sie im tatsächlichen Unterrichtsverlauf flexibel bleiben muss.

In der Spalte „Sozialform“ wird notiert, in welchen Formen die Unterrichtsaktivitäten geplant sind (vgl. Kap. 3.8 des Lehrbuches). Es werden für die dort unter A8 aufgeführten Sozialformen häufig folgende Abkürzungen verwendet:

- Lehrervortrag: LV
- Schülervortrag: SV
- Gruppenarbeit: GA
- Partnerarbeit: PA
- Unterrichtsgespräch: UG

Außerdem wird in der Spalte „Medien“ angegeben, mit welchen Mitteln die Lerngruppe arbeiten soll, z. B. Heft, Arbeitsblatt (AB), Overheadprojektor (OHP), Tafel usw.

Sind diese Angaben zusammengestellt, ist das in den zehn oder auch – wie oben dargestellt – in weniger Arbeitsschritten Geplante in eine anwendungsorientierte, kompakte Form gebracht. Das darf jedoch keinesfalls den Blick für die Tatsache verstellen, dass der je tatsächliche Unterrichtsverlauf in seiner Eigendynamik immer auch ganz andere Wendungen nehmen kann, ja manchmal sogar nehmen soll. Schülerinnen und Schüler gehen gewiss nicht immer den gedachten Weg im Unterricht - wer jedoch so vorbereitet zur Kenntnis nimmt, dass ad hoc andere Optionen zur Verfügung stehen mögen, wird denen umso flexibler begegnen können.

Bitte nutzen Sie nun das Lernprogramm auf der DVD!

5. Installation der Lernsoftware

(Demonstriert am Beispiel des Windows Betriebsystems Windows 7 [x64]®)

5.1 Installation und Starten des Programms

Die Lernsoftware befindet sich auf der beigefügten DVD. Nach Einlegen der DVD startet das Installationsprogramm automatisch. Es erscheint die folgende Meldung:

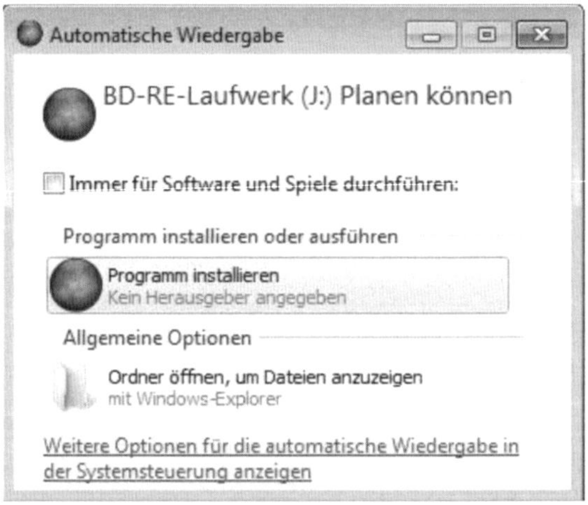

Klicken Sie bitte auf „Programm installieren“. Es erscheint dann die folgende Meldung:

Klicken Sie bitte auf „Annehmen“. Es erscheint dann die folgende Meldung:

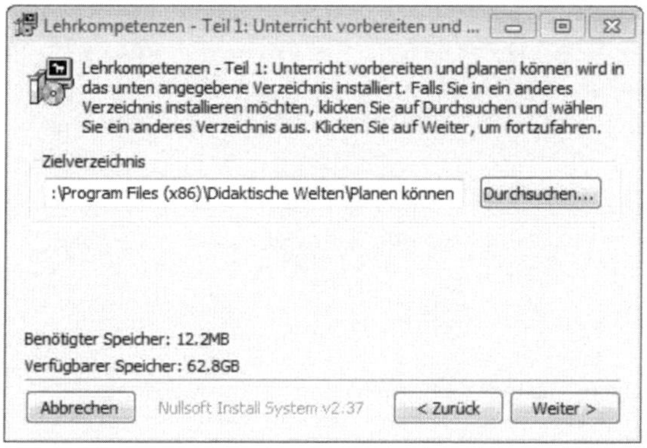

Wir empfehlen, die vorgeschlagenen Dateipfade beizubehalten. Klicken Sie bitte auf „Weiter“. Es erscheint dann die folgende Meldung:

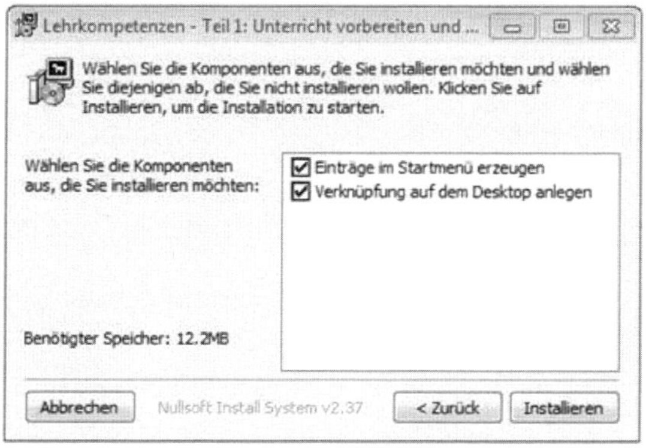

Klicken Sie bitte auf „Installieren“.

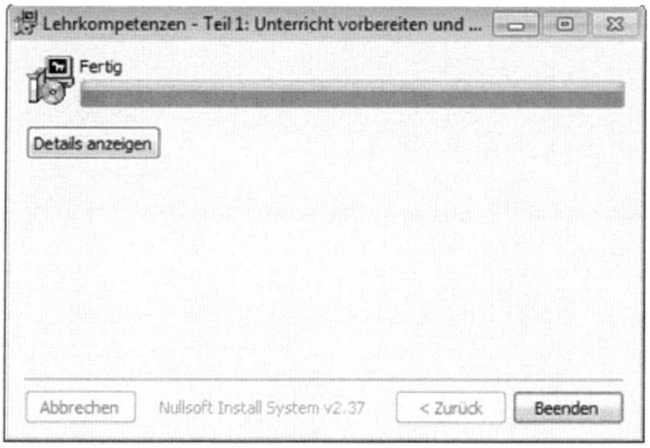

Das Programm installiert ca. 5 MB auf Ihre Festplatte. Es handelt sich dabei um das Start-Modul. Das Programm selbst und alle Mediendateien werden von der DVD abgespielt. Nach Betätigung des Schalters „Beenden“ können Sie das Programm unmittelbar über ein Desktopicon starten:

Eine andere Möglichkeit eröffnet sich über das Windows-Startmenü:

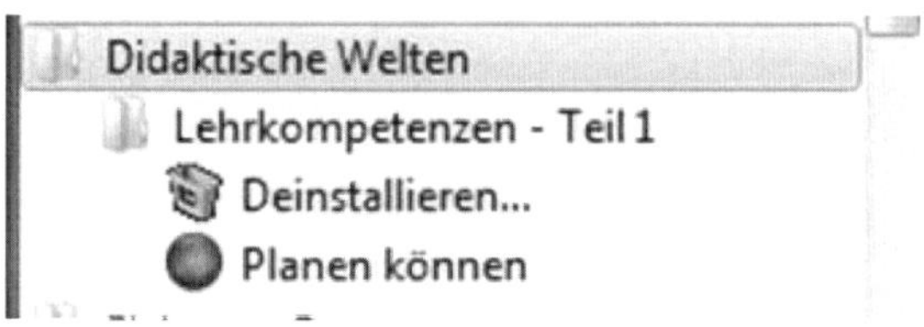

Hier können Sie das Programm auch vollständig deinstallieren.

Falls das Installationsprogramm nicht automatisch ausgeführt wird, installieren Sie bitte die Lernsoftware durch Doppelklicken auf die Datei „setup.exe“ auf der DVD.

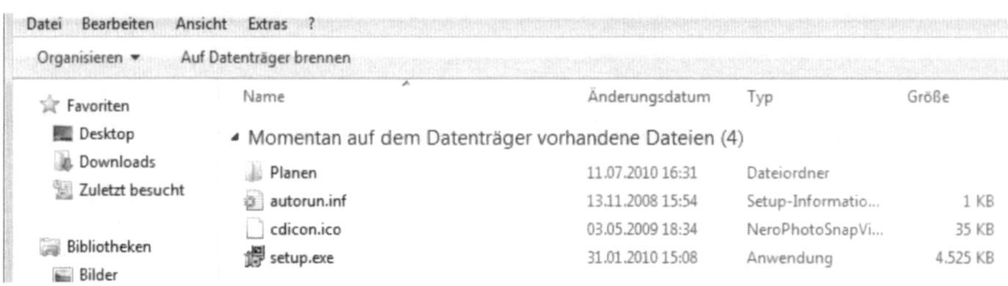

5.2 Hardwarevoraussetzungen

Pentium III oder höher; DVD-Laufwerk; Bildschirmauflösung 1024 x 768 (oder höher); 24/32 Bit Farbauflösung; Soundkarte.

5.3 Betriebssysteme

Windows XP®, Windows VISTA [x32, x64]®; Windows 7 [x32, x64]®;

Literaturverzeichnis

Adl-Amini, B., Künzli, R.(Hg.): Didaktische Modelle und Unterrichtsplanung. München/ Weinheim 1991 (3. Auflg.)

Aebli, H.: Zwölf Grundformen des Lehrens. Eine allgemeine Didaktik auf psychologischer Grundlage, Stuttgart 1961

Blankertz, H.: Theorien und Modelle der Didaktik. München 1975 (11. Auflg.)

Bloom, B. S.: Taxonomie von Lernzielen im kognitiven Bereich. Weinheim 1972.

Cohn, R.: Von der Psychoanalyse zur themenzentrierten Interaktion. Von der Behandlung einzelner zu einer Pädagogik für alle. Stuttgart 1980 (4. Auflg.)

Comenius, J. A.: Große Didaktik. Hrsg. von A. Flitner. Düsseldorf, München 1960 (2.Auflg.)

Copei, F.: Der fruchtbare Moment im Bildungsprozeß. Heidelberg 1958 (4. Auflg.)

Dolch, J.: Lehrplan des Abendlandes. Zweieinhalb Jahrtausende seiner Geschichte. Ratingen 1965 (2. Auflg.)

Festinger, L.: A Theory of Cognitive Dissonance. Stanford 1957

Frey, K.: Die Projektmethode. Weinheim und Basel 1982

Gage, N.L., Berliner, D.C.: Pädagogische Psychologie. München 1977

Garin, E.: Geschichte und Dokumente der abendländischen Pädagogik. Reinbek 1964 (Band I), 1966 (Band II), 1967 (Band III)

Gärtner, F.: Planung und Gestaltung des Unterrichts, München 1964

Gehlen, A.: Der Mensch, seine Natur und seine Stellung in der Welt. Berlin 1940

Gehlen, A.: Urmensch und Spätkultur. Philosophische Ergebnisse und Aussagen. Bonn 1956

Gehlen, A.: Philosophische Anthropologie und Handlungslehre, in: ders.: Gesamtausgabe, Bd.4, hrsg. v. Karl-Siegbert Rehberg. Frankfurt am Main 1983

Gehlen, A.: Anthropologische und Sozialpsychologische Untersuchungen, Reinbek 1986

Gonschorek, G., Schneider, S.: Einführung in die Schulpädagogik und Unterrichtsplanung. (Reihe: Schule und Unterricht; hg. v. J. Petersen und G.-B. Reinert). Donauwörth 2005 (4., überarb. und erw. Auflg.)

Grone, W. v., Petersen, J.: Zum Lernen anregen. Motivation in Theorie und Praxis. Ein praxisorientiertes Studien- und Arbeitsbuch mit Lernsoftware. Donauwörth 2002

Hamann, B.: Pädagogische Anthropologie. Theorien - Modelle - Strukturen. Bad Heilbrunn 1982 (3. bearb. Auflage 1998)

Heimann, P.: Didaktik als Theorie und Lehre. In: Die Deutsche Schule 54 (1962) 9, S. 407-427

Heimann, P., Otto, G., Schulz, W.: Unterricht. Analyse und Planung. Hannover 1965 (Auswahl Reihe B; hrsg. v. A. Blumental und W. Ostermann)

Heimann, P.: Didaktik 1965. In: Heimann, P., Otto, G., Schulz, W.: Unterricht. Analyse und Planung. Hannover 1965 (Auswahl Reihe B; hrsg. v. A. Blumental und W. Ostermann), S.7-12

Jank, W., Meyer, H.: Didaktische Modelle. Berlin 1991

Klafki, W.: Das pädagogische Problem des Elementaren und die Theorie der Kategorialen Bildung. Weinheim, Berlin 1957

Klafki, W.: Studien zur Bildungstheorie und Didaktik. Weinheim und Basel 1963 = [Klafki 1963a]

Klafki:, W.: Das pädagogische Problem des Elementaren und die Theorie der kategorialen Bildung. Weinheim, Berlin 1963 (2., erw. Auflg.) = [Klafki 1963b]

Klafki, W.: Didaktische Analyse als Kern der Unterrichtsvorbereitung. In: Roth, H., Blumenthal, A. (Hg.): Didaktische Analyse. Auswahl - Grundlegende Aufsätze aus der Zeitschrift Die Deutsche Schule. Auswahl Reihe A, Band 1. Hannover u.a. 1964, S. 5-34

Klafki, W. et al. (Hg.): Erziehungswissenschaft 3: Eine Einführung (Funk-Kolleg Erziehungswissenschaft). Frankfurt 1971

Klafki, W.: Erziehungswissenschaft als kritisch-konstruktive Theorie. In: Zeitschrift für Pädagogik 17 (1971) 3, S. 351 - 385

Klafki, W.: Studien zur Bildungstheorie und Didaktik. Weinheim und Basel 1975 (1963)

Klafki, W.: Zur Entwicklung einer kritisch-konstruktiven Didaktik. In: Die Deutsche Schule, 69, 1977, S. 703-715

Klafki, W.: Neue Studien zur Bildungstheorie und Didaktik: Zeitgemäße Allgemeinbildung und kritisch-konstruktive Didaktik. Weinheim und Basel 1985

Klafki, W.: Zur Unterrichtsplanung im Sinne kritisch-konstruktiver Didaktik. In: Adl-Amini, B., Künzli, R. (Hg.): Didaktische Modelle und Unterrichtsplanung. München/ Weinheim 1991, S. 11-48

Klafki, W.: Neue Studien zur Bildungstheorie und Didaktik. Beiträge zur kritisch-konstruktiven Didaktik. Weinheim und Basel 1996 (5. Auflg.)

Klafki, W.: Die Geisteswissenschaftliche Pädagogik - Leistung, Grenzen, kritische Transformation. Marburg 1998

Klingberg, L.: Einführung in die Allgemeine Didaktik. Berlin 1972

Mager, R. F.: Lernziele und programmierter Unterricht. Bad Heilbrunn 1965

Mager, R. F.: Lernziele und Unterricht. Bad Heilbrunn 1976

Memmert, W.: Didaktik in Grafiken und Tabellen. Bad Heilbrunn (3., verb. und erw. Auflg.) 1983

Meyer, H.: Unterrichtsmethoden. Bd. 2: Praxisband. Frankfurt 1987

Nipkow, K. E.: Allgemeindidaktische Theorien der Gegenwart - Gegenstandsfeld und Theoriebegriff. In: Zeitschrift für Pädagogik, 14 (1968) 4, S.335-365

Oblinger, H., Kotzian, O., Waldmann, J.: Grundlegende Unterrichtskonzeptionen (= Schulpädagogik. Eine Einführung, Bd.7). Donauwörth 1985, S.95-102

Pestalozzi, J. H.: Meine Nachforschungen über den Gang der Natur in der Entwicklung des Menschengeschlechts (hg. von Dieter-Jürgen Löwisch). Darmstadt 2002

Petersen, J.: Pädagogische Argumentation und didaktische Forschung I. Acht Kapitel zur Geschichte der empirischen Unterrichtsforschung. Kiel 1987

Petersen, J., Reinert, G.-B. (Hg.): Pädagogische Positionen. Ein Leitfaden für Lehrer aller Schularten. Donauwörth 1991 (2. Auflg.)

Petersen, J., Reinert, G.-B. (Hg.): Pädagogische Konzeptionen. Eine Orientierungshilfe für Studium und Beruf. Donauwörth 1992

Petersen,J., Ritscher, H.: Unterrichten lernen. Band 1. Praxisbeispiele für die Lehrerbildung. Donauwörth 1996

Petersen, J., Grone-Lübke v., W. : Didaktik Interaktiv. Teil 1: Anthropologische Grundlegung und Geschichte. Donauwörth 2005

Petersen, J., Grone-Lübke v., W. : Didaktik Interaktiv. Teil 2: Bildungstheoretische Didaktik. Donauwörth 2005 = [Petersen / Grone-Lübke 2005b]

Petersen, J., Grone-Lübke v., W. : Didaktik Interaktiv. Teil 3: Lerntheoretische Didaktik. Donauwörth 2006

Petersen, J., Grone-Lübke v., W. : Didaktische Welten – Grundlagen Teil 1: Aus der Geschichte lernen. Augsburg 2009

Petersen, J., Grone-Lübke v., W. : Didaktische Welten – Grundlagen Teil 2: Bewahren und Erneuern (in Vorbereitung)

Peterßen, W.: Lehrbuch Allgemeine Didaktik. München 2001 (6., völlig veränd., aktualisierte und stark erw. Auflage)

Peterßen, W.: Handbuch Unterrichtsplanung. Grundfragen, Modelle, Stufen, Dimensionen. München 2000 (9., aktualisierte und überarbeitete Auflage)

Popp, W.: Die Funktionen von Modellen in der didaktischen Theorie. In: G. Dohmen, F., Maurer, W. Popp (Hg.): Unterrichtsforschung und didaktische Theorie. München 1970, S. 49-60

Portmann, A.: Zoologie und das neue Bild vom Menschen. Biologische Fragmente zu einer Lehre vom Menschen. Hamburg 1962

Prange, K.: Bauformen des Unterrichts. Eine Didaktik für Lehrer. Bad Heilbrunn /Obb. 1983

Reich, K.: Konstruktivistische Didaktik. Lehr und Studienbuch mit Methodenpool. Weinheim 2008 (4.Aufl.)

Reich, K.: Lehrerbildung konstruktivistisch gestalten. Weinheim 2009

Roth, H.: Pädagogische Psychologie des Lehrens und Lernens. Berlin, Hannover, Darmstadt 1957

Roth, H., Blumenthal, A. (Hg.): Didaktische Analyse. Auswahl - Grundlegende Aufsätze aus der Zeitschrift Die Deutsche Schule. Auswahl Reihe A, Band 1. Hannover u.a. 1964 (8.Auflg.)

Salzmann, Chr.: Artikel "Unterrichtsmodelle". In: Handlexikon zur Erziehungswissenschaft. Hg. von L. Roth. München 1976, S. 449-453

Schulz, W.: Unterricht - Analyse und Planung. In: Heimann, P., Otto, G., Schulz, W.: Unterricht. Analyse und Planung. Hannover 1965 (Auswahl Reihe B; hrsg. v. A. Blumental und W. Ostermann), S. 13-47

Schulz, W.: Alltagspraxis und Wissenschaftspraxis in Unterricht und Schule. In: König/ Schier/ Vohland (Hg.). Diskussion Unterrichtsvorbereitung – Verfahren und Modelle. München 1980, S. 45-77. = [Schulz 1980a]

Schulz, W.: Die lerntheoretische Didaktik –oder: Didaktisches Handeln im Schulfeld - Modellskizze einer professionellen Tätigkeit. In: WPB 32, Heft 2, 1980, S. 80-85 = [Schulz 1980b]

Schulz, W.: Unterrichtsplanung. München, Wien, Baltimore 1981 (3. Auflg.)

Schulz, W.: Ein Hamburger Modell der Unterrichtsplanung – Seine Funktion in der Alltagspraxis. In: Adl-Amini, B., Künzli, R. (Hg.). Didaktische Modelle und Unterrichtsplanung. Weinheim/ München 1991 (3. Auflg.), S. 49-87

Skinner, B. F.: How to teach animals. In: Sci.Amer. 185(1951), S.26-29

Skinner, B. F.: The behavior of organisms: an experimental analysis. New York: Appleton- Century-Crofts 1938

Skinner, B.F.: The science of learning and the art of teaching. Harvard educ. Rev. 24(1954), S.86-97

Vogel, A.: Artikulation des Unterrichts. Verlaufsstrukturen und didaktische Funktionen. Ravensburg 1973 (= Wokshop Schulpädagogik; Materialien 3)

Weniger, E.: Didaktik als Bildungslehre. Teil I: Die Theorie der Bildungsinhalte und des Lehrplans. Weinheim 1952

Weniger, E.: Didaktik als Bildungslehre. Teil II: Die didaktischen Voraussetzungen der Methode in der Schule. Weinheim 1960

Willmann, O.: Didaktik als Bildungslehre. Braunschweig 1909 (4., verb. Auflg.)

Winnefeld, F. u. Mitarbeiter: Pädagogischer Kontakt und pädagogisches Feld. Beiträge zur pädagogischen Psychologie (Beiheft Nr. 7 der Zeitschrift „Schule und Psychologie“). München, Basel 1957 (5. Auflg. 1977)

Sachwortregister

Glossar

Aktionsformen des Unterrichts: Typisierung von verschiedenen Arten der Wissensvermittlung im Unterricht.

Allgemeine Didaktik: Die Allgemeine Didaktik fragt nach den Bedingungen und Möglichkeiten der Tradierung, und zwar relativ unabhängig von der jeweils spezifischen Struktur der Vermittlungsgebiete.

Anthropologie: Wissenschaft vom Menschen (vom Mensch-Sein). Die Pädagogische Anthropologie nutzt die Erkenntnisse aus anderen Regional-Anthropologien (z.B. biologische Anthropologie, Kulturanthropologie, philosophische Anthropologie) zur Klärung des Mesch-Seins unter erzieherischen Fragestellungen bzw. Aspekten.

Bildung: Bildung vollzieht sich in der Begegnung des Menschen mit der kulturellen Wirklichkeit.

Bildungsinhalt: Das Thema, der Stoff oder die Sache, welche(r/s) einem bestimmten Lerner in einer bestimmten Situation die doppelseitige Erschließung eines Teils der kulturellen Wirklichkeit ermöglicht. Charakteristisch für einen Bildungsinhalt ist demnach, dass ein einzelner Inhalt stets stellvertretend für viele Kulturinhalte von höherer Qualität steht.

Bildungstheoretische Didaktik: Eine didaktische Konzeption, welche von der Geisteswissenschaftlichen Pädagogik geprägt ist und als „Didaktik im engeren Sinne" die Frage nach den Bildungsinhalten in den Vordergrund rückt.

Bildungstheoretischer Objektivismus: Eine Vorstellung von Bildung, bei der sich der Lernende möglichst viele Lerninhalte aneignen soll.

Bildungswert: Der Bildungswert eines Inhaltes besteht darin, dass er die vom Individuum als werthaft erlebte doppelseitige Erschließung bewirkt.

Didaktik: Didaktik ist eine wissenschaftliche Teildisziplin der Pädagogik. Folgende gängige Definitionen lassen sich heute unterscheiden: Didaktik als Wissenschaft vom Lehren und Lernen; Didaktik als Wissenschaft vom Unterricht; Didaktik als Theorie der Bildungsinhalte; Didaktik als Wissenschaft von der Verhaltensänderung.

Didaktik, Hauptfragestellung: Didaktik stellt die Frage nach den Bedingungen der Möglichkeit, Tradierung zu ermöglichen. Es geht ihr also um das immer wieder aktuelle Problem und um die immer wieder zu aktualisierende Aufgabe, kulturelle Tradierung zwischen den Generationen zu ermöglichen. Der jeweils historisch bedingten augenblicklichen Realisierung dieser Tradierungsversuche (z.B. durch Schule und Unterricht) vorausgehend sind somit Idee und Notwendigkeit, erworbenes Wissen und entwickelte Fertigkeiten, gewonnene Einstellungen und erarbeitete Werthaltungen nachfolgenden Generationen zu übermitteln, um als Gattung zu überleben und vor allem, um als kulturschaffende Spezies nicht immer von Beginn an im ungünstigsten Fall die gleichen Irrtümer zu begehen.

Didaktische Analyse: Aufbereitung eines Lernstoffes für den Unterricht. Wolfgang KLAFKI schlägt auf der Basis der Theorie der Kategorialen Bildung fünf Grundfragen für die didaktische Analyse vor: 1. Welchen größeren bzw. welchen allgemeinen Sinn- oder Sachzusammenhang vertritt und erschließt dieser Inhalt? 2. Welche Bedeutung hat der betreffende Inhalt bzw. die an diesem Thema zu gewinnende Erfahrung, Erkenntnis, Fähigkeit oder Fertigkeit bereits im geistigen Leben der Kinder meiner Klasse und welche Bedeutung sollte er - vom pädagogischen Gesichtspunkt aus gesehen - darin haben? 3. Worin liegt die Bedeutung des Themas für die Zukunft der Kinder? 4. Welches ist die Struktur des Inhaltes? 5. Welches sind die besonderen Fälle, Phänomene, Versuche, in oder an denen die Struktur des jeweiligen Inhalts den Lernern zugänglich werden kann?

Didaktisches Dreieck: Minimale Voraussetzung für didaktisches Handeln: Die Beziehung von Lehrer, Lerner und Lerngegenstand. Wird auch als 'Grundfigur von Unterricht' bezeichnet.

Dissonanz, kognitive: Wenn zwei Informationen sich ausschließen oder logisch widersprechen, entsteht ein kognitiver Konflikt. In der Regel wird versucht, diesen Konflikt zu beseitigen, da er als Unsicherheit erlebt wird.

Doppelseitige Erschließung: Die doppelseitige Erschließung ist der Vorgang, bei dem sich ein Individuum Inhalte einer dinglichen und geistigen Wirklichkeit erschließt und dann, durch die Bildung allgemeiner Einsichten, Erlebnisse und Erfahrungen, für ähnliche Inhalte erschlossen ist.

Elementaria: Der Begriff 'Elementar' weist auf das Verhältnis der Bildungsinhalte zu der in ihnen repräsentierten Wirklichkeit hin. Als Elementaria bezeichnet man Bildungsinhalte, welche im Besonderen etwas Allgemeines enthalten. Das Elementare ist das doppelseitig Erschließende.

Fachdidaktik: Die Fachdidaktik fragt nach den Bedingungen und Möglichkeiten der Tradierung unter ganz besonderer Berücksichtigung der Struktur des Faches.

Formale Bildungstheorien: Formale Bildungstheorien richten ihren Fokus auf die Subjektseite des Bildungsprozesses.

Fundamentale, das: Ein Bildungsinhalt, welcher als Grunderfahrung oder Grunderlebnis erschlossen wird.

Grundfigur von Unterricht: Minimale Voraussetzung für didaktisches Handeln: Die Beziehung von Lehrer, Lerner und Lerngegenstand. Wird auch als 'Didaktisches Dreieck' bezeichnet.

Hermeneutik: Die Hermeneutik ist eine geisteswissenschaftliche Forschungsmethode zum Verstehen von Welt- und Wirklichkeitsbezügen, welche die Analyse und Interpretation von Dokumenten in den Vordergrund stellt. Das (griechische) Wort Hermeneutik (hermeneúein) lässt sich übersetzen als „aussagen“ oder „auslegen“.

Kategoriale Bildung: Bei der kategorialen Bildung erschließt sich der Mensch Teilbereiche der dinglichen und geistigen Wirklichkeit (materialer Aspekt), bildet darüber eine allgemeine Bildungskategorie und ist dann für ähnliche Bereiche der dinglichen und geistigen Wirklichkeit erschlossen (formaler Aspekt).

Klassische, das: Ein Bildungsinhalt, welcher nur als Wert erfahren werden kann.

Konstruktivismus: Konstruktivistische Positionen gehen davon aus, dass sich der Mensch im Lernprozess eine individuelle Repräsentation der Welt schafft.

Lehrplan: Eine geordnete Auswahl und Abfolge von Lerninhalten, welche in einer bestimmten Schulart in einer bestimmten Zeitspanne unterrichtet werden soll.

Materiale Bildungstheorien: Materiale Bildungstheorien richten ihren Fokus auf die Objektseite des Bildungsprozesses.

Mediendidaktik: Die Mediendidaktik ist ein Teilgebiet der differentiellen Pädagogik 'Medienpädagogik'. Sie befasst sich mit den medialen Aspekten von Vermittlungsprozessen.

Methode: Aus dem Griech.: methodos = über den Weg. Reflexion über die Bedingungen, von einer Ausgangslage zu einem definierten Endzustand zu gelangen. Die Pädagogik kennt ein weites Spektrum von Forschungsmethoden, das sich von geisteswissenschaftlich-philosophischen bis zu empirisch-positivistischen Ansätzen erstreckt.

Modell: Ein Modell ist nach Walter Popp eine vereinfachende, veranschaulichende Darstellung von komplizierten Feldstrukturen und Funktionszusammenhängen.

Repräsentative, das: Ein Bildungsinhalt, bei dem über eine bedeutsame Erscheinung etwas Konkretes, Geschichtliches, Einmaliges erschlossen werden kann.

Sozialformen des Unterrichts: Typisierung des Unterrichts nach verschiedenen Formen der Lehrer-Schüler- sowie der Schüler-Schüler-Beziehung (z.B. Plenum, Großgruppen, Kleingruppen, Partnerarbeit, Einzelarbeit).

Spezifische Didaktik: Spezifische Didaktiken, oder auch besondere Didaktiken, konzentrieren sich auf den Vermittlungsaspekt in eng begrenzten Feldern oder unter eng begrenzten Fragen.

Strukturen, kognitive: Metaphernhafte Beschreibung für die Art, wie Wissen in unserem Gehirn repräsentiert wird. Man stellt sich die Wissensrepräsentation als eine Art Informationsnetz vor. Kognitive Strukturen sind Sinneseinheiten in diesem Informationsnetz.

Stufendidaktik: Unter Stufendidaktik ist die Didaktik unterschiedlicher Bildungsstufen zu verstehen.

Theorie der funktionalen Bildung: Bei der Theorie der funktionalen Bildung geht es um die Weckung der im Subjekt als Potenziale verankerten körperlichen, geistigen und seelischen Kräfte.

Theorie der methodischen Bildung: Bei der Theorie der methodischen Bildung geht es um die Ausbildung von Methoden, Verfahren und Techniken beim sich Bildenden, mit deren Hilfe er sich die Welt weitgehend selbst erschließen kann.

Theorie des Klassischen: Eine Vorstellung von Bildung, bei der nicht jeder Kulturinhalt ein Bildungsinhalt ist, sondern nur solche Inhalte, die bestimmte menschliche Qualitäten überzeugend, aufrüttelnd und zur Nachfolge auffordernd transparent werden lassen.

Typische, das: Ein Bildungsinhalt, welcher einen Typus in Erscheinung bringt.

Unterricht: Unterricht ist die Weitergabe von etwas an jemanden durch einen anderen, die zum Ziel hat, den weniger Wissenden zum Wissenden zu machen.

Unterrichtsformen: Typisierung unterrichtlicher Vorgehensweisen.

Unterrichtskonzeptionen: Typusmodelle von Unterricht, z.B. lehrerzentrierter Unterricht, programmierter Unterricht, Projektunterricht etc.

Unterrichtsmedien: Die im Unterrichtsprozess eingesetzten Mittel der Verständigung.

Unterrichtsmethode: Art und Weise der planmäßigen Ausgestaltung von Unterrichtseinheiten.

Unterrichtsmittel: Die im Unterrichtsprozess eingesetzten Hilfsmittel.

Unterrichtsprinzipien: Die wünschenswerten Strukturen, Methoden, Medien, Stoffe und Ziele von Unterricht.

Unterrichtsvorbereitung: Die Planung des Unterrichts. Bei der Unterrichtsvorbereitung muss nach KLAFKI das grundlegende Verhältnis der Wechselwirkung von Theorie und Praxis bzw. das Zusammenspiel von Erfahrung und Besinnung bedacht werden.

Viabilität: Der Begriff Viabilität bedeutet im radikalen Konstruktivismus "Gangbarkeit", „Brauchbarkeit“ und kann auf Glaserfeld zurückgeführt werden.

Brigg Verlag F.-J. Büchler KG • Best.-Nr. 005
www.brigg-verlag.de

Abbildungsverzeichnis

Tabellenverzeichnis

Die Autoren

Jörg Petersen: Prof. Dr. phil., bis 2009 Inhaber des Lehrstuhls für Medienpädagogik und Bildungsinformatik an der Christian-Albrechts-Universität Kiel. Mitglied der Arbeitsgruppe „Neue Medien in der Lehrerbildung“ des Instituts für Pädagogik in Kooperation mit dem Zentrum für Lehrerbildung der Christian-Albrechts-Universität Kiel. Zahlreiche Veröffentlichungen zur Unterrichtsforschung, Medienpädagogik und Didaktik.

Sabine Reisas: M.A., wissenschaftliche Mitarbeiterin am Lehrstuhl für Medienpädagogik und Bildungsinformatik der Christian-Albrechts-Universität Kiel. Mitglied der Arbeitsgruppe „Neue Medien in der Lehrerbildung“ des Instituts für Pädagogik in Kooperation mit dem Zentrum für Lehrerbildung der Christian-Albrechts-Universität Kiel.

Gerhard Tanski: Studierte Deutsch und Geschichte, unterrichtete viele Jahre als Gymnasiallehrer in Schleswig-Holstein und ist seit 2002 als Studienrat im Hochschuldienst am Institut für Pädagogik der Christian-Albrechts-Universität Kiel tätig. Im Rahmen der universitären Lehre führt er Veranstaltungen in der Schulpädagogik, der Medienpädagogik und in den Schulpraktischen Studien durch. Mitglied der Arbeitsgruppe „Neue Medien in der Lehrerbildung“ des Instituts für Pädagogik in Kooperation mit dem Zentrum für Lehrerbildung der Christian-Albrechts-Universität Kiel.

Christine Ziethen: Akademische Direktorin am Institut für Pädagogik der Christian-Albrechts-Universität Kiel; Geschäftsführerin des Zentrums für Lehrerbildung der Christian-Albrechts-Universität. Im Rahmen der universitären Lehre führt sie Veranstaltungen in der Schulpädagogik und in den Schulpraktischen Studien durch. Mitglied der Arbeitsgruppe „Neue Medien in der Lehrerbildung“ des Instituts für Pädagogik in Kooperation mit dem Zentrum für Lehrerbildung der Christian-Albrechts-Universität Kiel.

Wibke v. Grone-Lübke: Dr. phil., langjährige wissenschaftliche Mitarbeiterin am Lehrstuhl für Medienpädagogik und Bildungsinformatik der Christian-Albrechts-Universität Kiel. Mitglied der Arbeitsgruppe „Neue Medien in der Lehrerbildung“ des Instituts für Pädagogik in Kooperation mit dem Zentrum für Lehrerbildung der Christian-Albrechts-Universität Kiel.

Über die Reihe „Didaktische Welten“

Herausgegeben von Gerd-Bodo von Carlsburg und Jörg Petersen

Die Reihe „Didaktische Welten“ ist ein Medienverbund, der in anschaulicher Weise die didaktischen Grundlagen und die zentralen Lehrkompetenzen für gelingenden Unterricht und für gelingende Ausbildung vermittelt. Die Bausteine dieses Medienverbunds eignen sich hervorragend für angehende Lehrerinnen und Lehrer im Studium sowie für erfahrene Lehrkräfte, die ihre eigene Praxis prüfen und verbessern möchten.

Im Grundlagenteil des Medienverbunds werden die didaktischen Argumentationen vermittelt, mit denen sich die Vielfalt notwendiger Lehrkompetenzen von Lehrerinnen und Lehrern begründen und verständlich machen lässt. Im Einzelnen sind das:

- Teil 1: Aus der Geschichte lernen. Ein Lehrbuch zur Geschichte didaktischer Argumentationen.
- Teil 2: Bewahren und Erneuern. Ein Lehrbuch zu unterrichtstheoretischen und bildungstheoretischen Argumentationen.
- Teil 3: Planen und Handeln. Ein Lehrbuch zu unterrichtstheoretischen und lerntheoretischen Argumentationen.
- Teil 4: Navigieren und Interagieren. Ein Lehrbuch zum Einsatz neuer Medien im Unterricht.
- Weitere didaktische Grundlagen folgen.

Im Lehrkompetenzenteil des Medienverbunds werden aus theoretischer wie praktischer Sicht erlernbare Verhaltensweisen für gelingendes Unterrichten und effektives Ausbilden vermittelt. Im Einzelnen sind das:

- Teil 1: Unterricht vorbereiten und planen können. Erste Blicke in die Unterrichtsvorbereitung und Stundenplanung.
- Teil 2: Unterricht beobachten und analysieren können.
- Teil 3: Differenzieren und Integrieren können.
- Teil 4: Fragen können – die Lehrerfrage im Unterricht.

- Teil 5: Motivieren können – Motivation in Theorie und Praxis.
- Teil 6: Moderieren können – Moderation in Theorie und Praxis.
- Weitere Lehrkompetenzen folgen.

Alle Teile des Medienverbunds bestehen jeweils aus einem Lehrbuch und einem Lernprogramm auf DVD. Die Themen werden im Wechselspiel zwischen Lernprogrammbearbeitung und Nachlesen im Lehrbuch erarbeitet. Videobeispiele, interaktive Übungen, anschauliche Grafiken und elektronische Lernerfolgstests machen den Medienverbund sowohl geeignet für das Selbststudium als auch für den Einsatz in Lehrveranstaltungen.